Stefan Schaffelhuber

Inner Coaching
für Manager

Stefan Schaffelhuber

Inner Coaching für Manager

Gewinn durch Konzentration

Wirtschaftsverlag Langen-Müller/Herbig

Schutzumschlag: Wolfgang Heinzel, unter Verwendung
eines Fotos von THE IMAGE BANK, München
Satz + Druck: Jos. C. Huber KG, Dießen
Binden: Großbuchbinderei Monheim
Printed in Germany
ISBN 3-7844-7285-0

Inhalt

Vorwort: Der Weg zum INNER COACHING

In der Zeit, als ich aktiv Tennis spielte, hatte ich sehr konkrete Ziele: möglichst viele Matches gewinnen, einen Weltranglistenplatz um die 50. Doch ich konnte meine Trainingsleistungen nur selten auch im Wettkampf umsetzen. Es reichte für mich bis zum Bundesligaspieler und zum Deutschen Meister der Tennislehrer, ich blieb als Tennisprofi jedoch unter meinen Möglichkeiten.
Mein limitierender Faktor war, das weiß ich heute, die Psyche. Nasse Hände und Verkrampfungen in der Muskulatur waren in entscheidenden Momenten immer meine Hauptgegner. Meine Persönlichkeit, mein Selbstbewußtsein und mein Selbstvertrauen waren nur bedingt entwickelt. Die einseitige Orientierung auf Äußerlichkeiten wie die »richtige Tennistechnik«, »schön spielen« und »immer freundlich sein« behinderte diese innere Entwicklung.
In der Vergangenheit wurde einfach zuviel Wert auf solche Äußerlichkeiten gelegt und zuwenig der Bereich des »Inneren« gefördert – man machte »Outer Training«, inneres Coaching wurde vernachläßigt. Zum damaligen Zeitpunkt jedoch wußte ich noch nicht, wie wichtig Konzentrationsfähigkeit, Vertrauen und die Unabhängigkeit von fragwürdigen Regeln und Normen für mich gewesen wären.
Auf der ständigen Suche, mich und andere vor solchen Situationen zu bewahren, machte ich Erfahrungen und Entdeckungen, die mir einen neuen Weg zeigten.

Der Weg zum INNER COACHING

Nach meiner Zeit als aktiver Spieler, also ab 1984, wurde ich Coach – zunächst von Sylvia Hanika, später von Eva Pfaff.

Beide waren zu dieser Zeit Tennisspielerinnen der Weltklasse. Noch in der Zeit als Sylvias Trainer achtete auch ich zu sehr auf technische Äußerlichkeiten. Meine Schülerin verbesserte sich in dieser Zeit technisch enorm, das half ihr aber nicht bei unserem primären Ziel, mehr Matches zu gewinnen.

Das war der Moment, in dem mir endgültig bewußt wurde, daß ich mit meinem Latein am Ende war: Mit meiner ganzen »perfekten« Ausbildung – staatlich geprüfter Tennislehrer, Weiterbildungen bei den berühmtesten Tennislehrern der Welt (Nick Bollettieri, Harry Hopman, Vic Braden, Dennis van der Meer u. a.), intensives autodidaktisches Studium (über siebentausend selbstgemachte Fotos von Weltklassespielern) – war ich an eine Grenze gestoßen. Es gab also einen Bereich, der durch all die gewohnten Übungen und Trainingskonzepte offensichtlich kaum beeinflußt werden konnte: die Psyche, das »Innere«.

Von diesem Zeitpunkt an interessierten mich alle Bücher, die mir aus dem psychologischen Bereich bekannt waren und die mir helfen sollten, den Schleier um die wirklich erfolgreiche Coaching-Arbeit zu lüften: von Sigmund Freud, dem Begründer der Psychoanalyse, bis zu »Zen in der Kunst des Bogenschießens«. Ich versuchte alles, um neue Wege zu finden. Wege, die zu mehr Selbstvertrauen und Stabilität führen sollten, um in der Auseinandersetzung mit den Besten der Welt zu bestehen.

Nach meiner Zeit als »Travelling-Coach« – Paris, Wimbledon, Flushing Meadow – hatte ich Zeit und Lust, eben diese Dinge neu zu ordnen. Ich hielt Vorträge zum Thema »Sport und Persönlichkeit« und zum Thema »Richtig/Falsch-Denken«, ich begann, in meinen Trainerstunden neue, ungewöhnliche Dinge auszuprobieren.

Doch erst 1986 machte ich die entscheidende Entdeckung, die mir den weiteren Weg zeigte. Peter Spang, mein langjähriger Bundesliga-Teamkollege, stellte mir eine Tennis-Übung aus dem Buch »The Inner Game of Tennis« von Timothy Gallwey vor. Sie hieß »Hopp-hit«, und wir probierten sie aus. Ich sagte »hopp«, wenn der Ball den Boden berührte, und »hit« im Moment des Treffens. Das Ergebnis nach nur zehnminütiger Spielzeit war verblüffend. Ich erlebte zum ersten Mal in meinem

Leben, daß ich den Ball auf der Rückhandseite nur bis ungefähr einen Meter vor dem Treffpunkt beobachtete.
Offensichtlich hatte ich Ängste, die eine volle, ungestörte Wahrnehmung verhinderten. Ich erfuhr aber auch, was es heißt, über einen längeren Zeitraum in eine bewußte, von störenden Gedanken freie Konzentration einzutauchen.
Diese Erfahrung setzte enorme Energien frei. Ich wollte meinen eingeschlagenen Weg als Coach jetzt noch intensiver und konsequenter weiterverfolgen.
Als erstes reiste ich zusammen mit Peter Spang nach Kalifornien, um Timothy Gallwey persönlich kennenzulernen. Das lange Gespräch mit Gallwey bestätigte viele meiner Ideen. Zurück in Deutschland, begannen wir, ein neues Trainingskonzept zu entwerfen:

INNER COACHING

In der ersten Phase entstanden weitere Tennisübungen, die alle den neuen Lernhintergrund hatten: die Psyche und ihre Wirkungen, die Vernetzung von innen und außen, den bewußteren Umgang mit der Sprache – kurz eine ganzheitliche Trainingsmethode, um innere und äußere Fähigkeiten balanciert zu entwikkeln. Im Anschluß daran kreierten wir Übungen im Bereich des Golfspiels. Zuletzt, ab 1989, begannen wir, INNER COACHING mit seinem Trainingskonzept auch für Management-Seminare umzusetzen.

Sport als Weg

In meiner Zeit als aktiver Spieler, Profi und Coach stand ein Ziel immer im Mittelpunkt: erfolgreich sein. Was aber heißt das, erfolgreich zu sein? Kann man Erfolg »machen«? Muß man sich nur richtig anstrengen, um erfolgreich zu sein? Kann man Erfolg lernen?
Das waren die Fragen, die mich in den letzten zehn Jahren intensiv beschäftigten. Heute ist mir klar, was die Voraussetzungen

zung für den Erfolg ist. Es sind innere Fähigkeiten wie Konzentration, Entspannung oder Selbstbewußtsein. Diese Fähigkeiten gilt es zu entdecken und zu entwickeln, um die eigenen Möglichkeiten wirklich auszuschöpfen. Erfolgreich sein bedeutet für mich heute: Das Potential, das in einem steckt, zur Entfaltung zu bringen und die Hindernisse, die dieser Entfaltung oft im Wege stehen, in den Griff zu bekommen. Denn nicht »Besser-Sein« als andere, die gradlinige Karriere oder das Einkommen sind die Gradmesser des Erfolges. Wer seine Fähigkeiten bewußt nutzt, dem werden sinnvolle »Ergebnisse« einfach passieren.

Der Erfolg erfolgt

Die Matches der Zukunft

Bei den ersten INNER-COACHING-Seminaren im Bereich des Business war es am Anfang sehr spannend, ob es möglich sein würde, Managerinnen und Managern unsere Prinzipien und die damit verbundene Philosophie verständlich zu vermitteln. Doch INNER COACHING wurde, selbst für mich, überraschend problemlos aufgegriffen und in die Tat umgesetzt. Das lag daran, daß die Teilnehmer durch das konzentrierte Erleben der Übungen den wesentlichen Zusammenhang selbst schnell erkannten: Dieselben inneren Fähigkeiten, die im Sport zum Erfolg führen, spielen auch in allen anderen Lebensbereichen, zum Beispiel im Beruf, eine entscheidende Rolle.
Es ist kein Zufall, daß immer mehr erfolgreiche Geschäftsleute eine sportliche Vergangenheit haben oder den Sport als tägliches Instrument für ihre persönliche Entwicklung suchen. Dabei steht nicht allein die rein körperliche, sondern mehr und mehr auch die geistige »Hygiene« und »Fitness« im Vordergrund. Viele Menschen haben erkannt, welch angenehme Wirkung eine sportliche Betätigung auf Körper, Geist und Seele hat. Der Sport als Medium zum Lernen von Konzentration und Entspannung, als Quelle für Energie, erlangt somit eine vollkommen neue Bedeutung. Es geht dabei keineswegs nur darum,

die Menschen durch Sport immer leistungsfähiger zu machen, um Wiedergewinnung oder Verbesserung der Arbeitskraft, sondern um eine grundsätzliche Ausgewogenheit des seelischen Daseins.
Ich bin heute davon überzeugt, daß der Sport für jeden ein ideales Trainingsfeld bietet, um sich auf die »Matches der Zukunft« vorzubereiten.
Herzlich bedanken möchte ich mich bei allen, die mir es ermöglicht haben, dieses Buch zu schreiben: Vor allem bei meiner Frau Rosalind, meinem kreativen Schreibpartner Uli Tangl und meinen Coaches in München. Ein herzliches Dankeschön auch an alle Interview-Partner, die durch ihre spontane Bereitschaft und enorme Offenheit diesem Buch einen besonderen Charakter verliehen haben.

Stefan Schaffelhuber

INNER-COACHING-Schlüsselsätze

Du spielst, wie Du bist

Du bist, wie Du spielst

Das Sein ist veränderbar

Du bist, was Du denkst

Sprache schafft Wirklichkeit

Ein gesunder Körper *durch* einen gesunden Geist

Ziele entstehen aus der Vorstellung der Zukunft

Handeln im Augenblick verlangt Vertrauen und Loslassen

Nicht *gegen* Fehler, sondern *für* Lösungen arbeiten

Einleitung

Grenzen

Der Mensch kann die Grenzen, mit denen er sich heute noch abfindet, vollkommen verschieben und ohne weiteres überschreiten. Der Schlüssel dazu liegt in der Entwicklung von Fähigkeiten, die in der Vergangenheit wenig Beachtung gefunden haben. Fähigkeiten, die im »Inneren« zu finden sind und als Mosaiksteine der Persönlichkeit bezeichnet werden können. Mit diesem Buch können Sie Ihre individuellen inneren Fähigkeiten entdecken und weiterentwickeln.
Es ist eine Tatsache, daß erfolgreiche Menschen weitgehend dazu in der Lage sind, ihr persönliches Potential zu entwickeln und zu entfalten. Wie sie das schaffen, versucht Ihnen dieses Buch zu vermitteln. Ein Blick hinter die »Geheimnisse« des Erfolges deckt auf, wie Leistung und Konzentration zusammenhängen, und wie es möglich ist, scheinbar feststehende persönliche Grenzen zu überwinden.

Außergewöhnliche Menschen

Interviews mit Gerd Binnig (Physik-Nobelpreisträger), Hubert Burda (Verleger), René Jäggi (Olympiakader-Mitglied 1972 und adidas-Vorstands-Vorsitzender), Beate Wedekind (Chefredakteurin), Reinhold Messner und Niki Lauda lassen Sie erkennen, wie außergewöhnlich erfolgreiche Menschen denken und wie sie dieses Denken in Handeln umsetzen. Die ehrlichen Aussagen, die in wesentlichen Punkten verblüffend übereinstimmen, zeigen einen Weg auf, wie wichtige und erstrebenswerte Ziele erreicht werden können. Die besonderen Denkweisen, die enorme Selbstsicherheit und der hohe Grad an Bewußtheit der Gesprächspartner machen die Interviews zu einer wertvollen Fundgrube.

Talente

Meine Erfahrungen in den Bereichen Golf, Tennis und Business haben mich erkennen lassen: Jeder Mensch besitzt enorme, in ihm schlummernde Talente und Fähigkeiten, die geweckt werden könnten. Doch meist bleiben diese Potentiale gefangen, weil nur wenige in der Lage sind, sie zu entdecken, zu entwickeln und zu fördern.
Nur einzelne haben bisher gelernt, sich selbst zu coachen – ob im täglichen Wettkampf des Lebens, auf dem Tennisplatz oder auf den Fairways. Dieses Buch bietet Ihnen die Gelegenheit, Techniken zu erkennen, zu verstehen und zu üben, die ein erfolgreiches Selbst-Coaching und eine damit verbundene Selbst-Entwicklung ermöglichen. Sie können sich selbst besser kennenlernen, um aggressive Angriffe, notwendige Defensiv-Haltungen, tiefe Enttäuschung oder übermütigen Jubel genauer einschätzen zu lernen.

Die innere Stimme

Ein wesentlicher Schritt zum Kennenlernen der eigenen Persönlichkeit ist das bewußte Hören der inneren Stimme. In vielen Situationen neigt man dazu, aus welchen Gründen auch immer, aufbauende oder auch limitierende Selbstgespräche zu führen. Diese Selbstgespräche also können unsere Entwicklung fördern, genauso aber auch innere Barrieren oder Grenzen aufbauen. INNER COACHING hilft Ihnen, diese Grenzen zu entdecken, und birgt die Chance, sie durch gezielte Übungen zu überwinden. Sie können entdecken, welche Möglichkeiten durch wirklich tiefe Konzentration entstehen und auf welche Weise eine bewußte Selbst-Programmierung hilft, ungünstige Gedanken, die uns die innere Stimme übermittelt, zu parken oder ganz auszuschalten.
Ein sehr treffendes Beispiel, das limitierende Gedanken karikiert, gleichzeitig aber auch eine Erkenntnis besonderer Art vermittelt, ist der Flug der Hummel:

Wissenschaftler haben berechnet, daß eine Hummel bei ihrem Gewicht und Ihrer Flügelspannweite eigentlich nicht in der Lage ist, zu fliegen. Glücklicherweise hat die Hummel von alledem keine Ahnung – und fliegt.

Bewußter Leben

INNER COACHING hat zum Ziel, das Selbstbewußtsein zu steigern, wodurch eine freiere Entfaltung der Persönlichkeit möglich wird. Selbst-bewußt-Sein – also seiner selbst mehr bewußt zu sein – ist trainierbar, das erlebe ich während meiner Tätigkeit als Coach täglich. So wird mir immer wieder von neuem klar, wie wichtig es ist, nicht nur durch Informationen von anderen zu lernen, sondern vor allem durch eine Steigerung der eigenen Erlebnisfähigkeit. Dadurch wird ein schnelleres, intensiveres, freieres und kreativeres Lernen ermöglicht.

Neues Lernen

Sie erfahren in diesem Buch auch etwas über die Möglichkeiten, ganzheitlicher zu lernen. Denn Lernen geschieht nicht isoliert, sondern immer in einem vielschichtigen, kreativen Prozeß. Es geschieht immer im Zusammenhang mit Erleben und Erfahren, mit Aufnehmen und Abgeben, mit dem Bewußten und dem Unbewußten. Insgesamt also in einem vernetzten, verästelten System, in dem alles miteinander verflochten ist. Oft genug wurde in der Vergangenheit dieser Aspekt der Ganzheitlichkeit vernachlässigt, mit dem Erfolg, daß die persönliche Selbstentwicklung, wenn überhaupt, nur zufällig vor sich ging.
Vor diesem Hintergrund – daß also alles mit allem verbunden ist und alles voneinander abhängt – ist ein Transfer der im Sport gemachten Lernerfahrungen in andere Lebenssituationen leicht durchzuführen.

Neue Sichtweisen

Neue Perspektiven, Einstellungen und daraus folgende Verhaltensweisen sind die Voraussetzung, um in Zukunft in allen Lebensbereichen sinnvoller denken und handeln zu können. Die Erlebnisse aus meiner Zeit als Coach von Weltklassespielern und mit Tausenden von Sportlern haben mich erkennen lassen: Wir brauchen neue Inhalte und Trainingskonzepte – in Sport und Beruf –, um den ständig steigenden Aufgaben und Herausforderungen gerecht zu werden. Starre Regeln, limitierende Normen, gesellschaftliche Zwänge und schulmeisterliche Vorschriften sollten der Vergangenheit angehören. Wir brauchen ein zeitgemäßes, inspirierendes und ein die Persönlichkeit entfaltendes Training. Dafür brauchen wir in allen Bereichen des Lebens reife und erfahrene Coaches. Coaches, die neue Sichtweisen fördern und damit Fortschritte und Innovationen zulassen. Im Geschäftsleben bedeutet das, daß Vorgesetzte zu verantwortungsvollen Coaches werden und Hierarchien zugunsten des Teamgedankens aufgelöst werden. So entsteht ein »neues Management«, das jedem einzelnen die Möglichkeit gibt, seine persönlichen Fähigkeiten voll einzubringen und so direkter am Erfolg der Firma beteiligt zu sein.

Coaching

Ob Sie nun sich oder andere coachen: Geduld und Vertrauen zu sich und anderen ist die Basis für den Erfolg. Eine Basis, die Fehler zuläßt und den Raum schafft, immer wieder Neues auszuprobieren und zu entwickeln – zu lernen. Leider sind die meisten »alten« Lernwege geprägt von »Besserwissen«, von »Fehleranalyse« und »Korrektur«. Sie werden in diesem Buch erkennen, wie diese Prinzipien des Lehrens eher Barrieren verstärken und so oft zu Widersachern des Lernfortschritts werden.

INNER COACHING ermöglicht dagegen eine Entdeckungsreise in die Welt der inneren Fähigkeiten. Innere und äußere Abläufe werden besser verstanden und können so der jeweiligen Situation angemessen angewandt werden.

Gesundheit

Im »Inneren« fällt die Entscheidung über unser Wohlbefinden und letzlich auch für unsere Gesundheit. Ein selbst-bewußtes inneres Coaching führt deshalb zu einem Gleichgewicht von Körper und Geist. Die Bedeutung dieses Gleichgewichts, eines »gesunden« Denkens, wurde in der Vergangenheit zuwenig berücksichtigt. So waren »ungünstiges« Denken und mangelhaftes Selbst-Bewußtsein sicherlich oft Ursache für viele Krankheiten. Deshalb steht bei meiner Arbeit als Coach ein Aspekt immer im Vordergrund:

Ein gesunder Geist in einem gesunden Körper

oder neu, als INNER-COACHING-Schlüsselsatz formuliert:

Ein gesunder Körper *durch* einen gesunden Geist

Sport als Weg

Der Sport kann also als Weg dienen: zu Erfolg *und* Gesundheit. Denn im Sport passiert mehr, als auf den ersten Blick erkennbar ist. Nicht nur die körperlichen, sondern vor allem die inneren Fähigkeiten können – und sollten – trainiert werden. Fähigkeiten wie Konzentration, Entspannung, Selbstbewußtsein, Geistesgegenwart, Erlebnisfähigkeit, Kreativität, Spontanität, Vertrauen, Mut, Geduld, Flexibilität, Disziplin, Gelassenheit, Spaß und viele mehr.

Das Training dieses inneren Potentials vergrößert die Chance, die Herausforderungen unserer Umwelt anzunehmen und zu meistern.

Konzentration und Entspannung sind erlernbar

Gesundheit ist denkbar

Der Erfolg erfolgt

Lesen und Erleben

INNER COACHING kann einerseits verstanden und andererseits erlebt werden. In diesem Buch wird zunächst der Weg des Erkennens über den Verstand ermöglicht. Im Anschluß daran finden Sie zahlreiche Übungen, die Ihnen die Möglichkeit geben, diese Erkenntnisse konkret zu erleben. Doch das ist keineswegs eine festgelegte Reihenfolge. Wenn Sie Spaß daran haben, können Sie auch sofort unsere INNER-COACHING-Übungen ausprobieren und danach Ihre Erfahrungen mit unseren Schlußfolgerungen vergleichen. Durch das Prinzip der Ganzheitlichkeit und des vernetzten Lernens besteht aber auch die Möglichkeit, immer wieder zwischen Lektüre und Erleben hin- und herzuspringen. Lesen Sie zum Beispiel das Interview mit einem Nobelpreisträger, und testen Sie anschließend auf dem Tennisplatz oder dem Golfkurs, ob Sie vielleicht ganz ähnlich denken und handeln. Oder hören Sie bei einer Übung intensiv Ihrer inneren Stimme zu, und lesen Sie daraufhin das entsprechende Kapitel. Es gibt viele Wege, die zum Erfolg führen.

Es geht auch anders, aber so geht es auch.

Bertolt Brecht

Das Potential

Jeder Mensch besitzt enorme in ihm schlummernde Talente, die geweckt werden können. Doch meist bleiben diese Talente gefangen, weil nur wenige gelernt haben, sie zu entdecken, zu trainieren und zu nutzen. Nur selten sind wir daher in der Lage, das, was in uns steckt, auch tatsächlich umzusetzen. Immer wieder hindert uns etwas daran, unsere bestmögliche Leistung zu bringen.

Die Formel, die dieses Phänomen beschreibt, lautet
Pe = P – S
Performance = Potential minus Störungen

Begrenzungen

Wie ich im Vorwort erzählt habe, hatte ich selbst als Tennisprofi mit einigen Störungen zu kämpfen: nassen Händen, Nervosität, Verkrampfung, insgesamt einer sehr hohen Kontrolle. Das lag vor allem daran, daß ich wie die meisten von uns auf bestimmte Dinge programmiert war:

sich Mühe geben und alles richtig machen.

Diese Art der Selbst-Programmierung ist sehr häufig anzutreffen, sie begrenzt eher eine Ausschöpfung der Potentiale. »Sich Mühe geben« ist meist verbunden mit Verkrampfung, »alles richtig machen« zwingt einen, während der Aktion gedanklich zu kontrollieren.
An Kindern kann man manchmal sehen, wie Lernen ohne Programmierungen von außen funktionieren kann – Kinder handeln noch instinktiv, kennen keine festgelegten Wege: Sie probieren einfach alles aus. Sie haben keine Angst, etwas falsch

zu machen – sie wissen noch nicht, was als falsch und richtig gilt, sie vergleichen sich nicht ständig mit anderen. Ihre Performance ist frei und unbekümmert, sie machen das, was sie können. Doch im Lauf der Zeit werden die Instinkte immer mehr von Regeln, Normen und gutgemeinten Ratschlägen überdeckt – man nennt das gerne Erziehung oder Erwachsenwerden.
Kinder verlernen dann, die Dinge sinnlich so wahrzunehmen, wie sie tatsächlich sind.

Entwicklung durch Selbst-Bewußtsein

Selbstbewußtsein bedeutet sich besser kennenlernen – alle seine Stärken und Schwächen –, keineswegs aber, sie bis ins letzte zu analysieren. Es wird möglich, bewußter mit sich umzugehen. Man erfährt auf diesem Weg, wie die inneren Fähigkeiten erkannt, trainiert und ausgenutzt werden können. Bevor ich selbst zum Beispiel in der Lage war, meine Störungen zu erkennen, hatte ich keine Chance, sie in den Griff zu bekommen. Nachdem ich erkannt hatte, daß meine Zweifel und Ängste nur von außen in mich hineinprogrammiert waren, war der Weg frei: über mehr Vertrauen zum Loslassen und zum bewußteren Umgang mit mir selbst – ich konnte mich selbst weiterentwickeln.
Früher hatte das Selbstbewußtsein so gut wie keinen Stellenwert im Training – und im Leben. Lernen war vielmehr geprägt von reiner Übermittlung feststehenden Wissens, von Tips und »How-to-do-it-Regeln«. Dadurch wurden alle Menschen auf eine Weise gleich behandelt, die kaum mehr eine Entwicklung in Richtung des individuellen Potentials zuließ. INNER COACHING dagegen ist eine Methode, die das Selbstbewußtsein fördert, sich an individuellen Zielen orientiert und so die Grundlage schafft, eine persönliche Selbstentwicklung einzuleiten.

Einengende und befreiende Selbstgespräche

Der bewußte Umgang mit der Sprache, mit der inneren Stimme, spielt eine große Rolle, will man seinem Potential näher kom-

men. Selbstgespräche können uns einengen oder befreien. Voraussetzung ist aber zunächst, diese Gespräche zu erkennen. Erst wenn man die innere Stimme bewußter hören lernt, kann man die Beeinflussung des Verhaltens durch sie feststellen.
Der nächste Schritt ist die Umprogrammierung: Jeder Mensch hat im Laufe seiner Entwicklung bestimmte Schlüsselsätze auf seine »Selbstgespräch-Kassette« gespeichert. Oft sind das einengende Sätze:

– »Das kann ich nicht ...«

– »Das ist zu schwer für mich ...«

– »Ich mach' das sicher falsch ...«

– »Ich bin halt unsportlich ...«

– »Es hat eh keinen Sinn ...«

– »O je, wahrscheinlich geht's wie letztes Mal ...«

– »Die anderen haben immer Glück ...«

– »Ich hab' kein Talent für so was ...«

– »Immer passiert *mir* das ...«

Diese Schlüsselsätze können, erst einmal enttarnt, durch neue, aufbauende ersetzt werden. Auf die »Selbstgespräch-Kassette« werden bewußt andere Textprogramme aufgenommen, die das Potential befreien können.

– »Ich kann das!«

– »Trau Dich!«

– »Probier's nochmal!«

– »Es geht schon!«

– »Entspann Dich, bleib ruhig!«

– »Auf geht's!«

– »Es ist möglich!«

– »Mach' es einfach!«

– »Ich will, ich kann!«

– »Bleib dran!«

Der Balken
Auf einem INNER-COACHING-Seminar boten wir eine einfache Übung an. Aufgabe war es, über einen Schwebebalken zu laufen. Die Steigerung: blind über den Balken zu gehen. Die Seminar-Teilnehmerin Helga B. hatte schon mit offenen Augen größte Schwierigkeiten – sie kam zunächst nie weiter als zwei Schritte und nach vielen Versuchen gerade so ans Ende. Mit geschlossenen Augen gab Helga sich keinerlei Chance: »Das brauch' ich gar nicht probieren, das kann ich eh' nicht.« Nach kurzem Coaching war sie dann doch bereit, es zu versuchen. Wieder ging es schief. Ein erneutes Coaching – sie sollte sich jetzt nur noch auf ihre Fußflächen konzentrieren, die Kanten des Balkens spüren und jeden Schritt bewußt wahrnehmen – führte zu einer dramatischen Wende: Helga tastete sich langsam bis zum Ende des Balkens vor. Alle Seminar-Teilnehmer klatschten, und sie selbst hüpfte vor Freude und Befreiung. Sie hatte ihre Schlüsselsätze mit Hilfe von Konzentration besiegt.

Der »Lauf«

Ich glaube heute felsenfest an das Potential in jedem: Daran, daß Menschen weit mehr Möglichkeiten haben, als sie sich selbst

oft zutrauen, als ihnen vor allem von anderen zugebilligt werden. Ich glaube deshalb so fest daran, weil es mir in meiner täglichen Arbeit als Coach und Trainer immer wieder – auf dem Sportplatz und in Seminaren – gelingt, diese Potentiale freizulegen.
Manchmal entstehen so für einige Minuten unglaubliche Leistungen, die kurz zuvor noch völlig unmöglich erschienen: Ein Teilnehmer oder eine Teilnehmerin gerät in einen »Lauf«. Es gibt kaum etwas Faszinierenderes – bei jeder Art von »Unterricht« –, als so einen »Lauf« mitzuerleben.

Das Handicap
Bei einem INNER-COACHING-Seminar fiel mir Renate S. auf, die zunächst dem ganzen Konzept, auch meiner Person, sehr skeptisch gegenüberstand. Während des gesamten ersten Tages konnte man spüren, wie sehr Renate angespannt war. Dennoch versuchte sie, das in den INNER-COACHING-Übungen Erlebte aufzunehmen und zu verarbeiten. Am zweiten Tag begann Renate sich zu entspannen – man konnte direkt zusehen, wie sie ihre beengenden Richtig-Falsch-Muster und ihre Hemmungen nach und nach ablegte. Am Ende des Seminars spielten wir eine komplette Golf-Runde in ihrem Club, wo das Seminar stattgefunden hatte. Sie wirkte dabei frei, humorvoll und gelöst und unterspielte ihr Handicap um sage und schreibe zehn Schläge.

Fast immer findet in dem Moment, wo der »Lauf« als solcher erkannt wird, gleichzeitig aber auch der Ausstieg statt: Der Kopf wird »eingeschaltet«, die »Trance« ist vorbei, Störungen machen sich breit – alles ist wieder »normal«. Doch diese »Normalität« muß keinesfalls das sein, was wir auf Dauer zu leisten imstande sind.

INNER COACHING schafft die Voraussetzungen,
um in solch einen »Lauf« hineinzufinden – und
ihn möglichst lange beizubehalten.

Heute weiß ich und sehe es immer aufs neue, daß große Leistungen nur im Moment entstehen – wenn man es »laufen« läßt. Man kann Höchstleistungen also nicht erzwingen, nicht willentlich steuern. Man kann sie lediglich durch vertrauenvolles Loslassen »kommen« lassen.

Das Potential erschließen

Auch im Beruf gibt es viele Gelegenheiten, sich stören zu lassen – von äußeren Umständen oder inneren Ängsten. Die meisten erfolgreichen Menschen haben aber gelernt, mit ihren Möglichkeiten bewußter umzugehen. Sie erkennen die »Störungs-Fallen« früher und haben dadurch die Chance, anders zu reagieren. So schaffen sie es, oft Überdurchschnittliches zu leisten.
Das Potential erschließen heißt: störungsfrei sein. Für Reinhold Messner zum Beispiel bedeutet das, sich nicht durch die Warnungen der Wissenschaftler bei dem Versuch stören zu lassen, den Mount Everest ohne Sauerstoff zu besteigen (siehe Interview Seite 98ff.). Für Gerd Binnig bedeutet es, die Angst vor dem Neuerfinden physikalischer Gesetze zu überwinden und etwas völlig Neues zu entwickeln (siehe Interview Seite 41ff.).
Das Potential erschließen heißt für die Konzern-Chefs Hubert Burda und René Jäggi, übergroße Kontrolle loszulassen und an die Fähigkeiten ihrer Mitarbeiter zu glauben (siehe Interviews Seite 167ff. und 178ff.).

INNER-COACHING-Fähigkeiten

Gewinn durch Konzentration

Sport als Weg zur Konzentration

Der Sport ist das ideale Trainingsfeld für die Konzentration. Nirgendwo anders ist sie so beobachtbar, nirgends sonst macht Konzentration aber auch so viel Spaß. Man merkt, wie bei Konzentration etwas Entspanntes und Müheloses entsteht, es verliert die Bedeutung von »sich anstrengen«, von Arbeit. Sie führt zu sofortigen Ergebnissen: Die Belohnung ist unmittelbar. Ein langer Ballwechsel oder ein Golfball, der beim Putten ins Loch geht, sind solche Belohnungen.

Die Konzentration kommt, wenn man bereit ist

Konzentration bedeutet, sich intensiv mit einer Sache zu beschäftigen, alle seine Sinne darauf zu lenken – zielbewußte und dennoch freie Aufmerksamkeit. Echte Konzentration ist immer mit einer klaren Absicht verbunden. Aber: Konzentration kann man nicht erzwingen, man kann sich nur dafür bereitmachen.

> *Mein größtes Kapital im Tennis ist meine Fähigkeit, mich zu konzentrieren, mich auf eine Sache zu fixieren. Meine Konzentration bekomme ich, indem ich richtig atme, mich genügend ausruhe, aber nicht durch ein psychologisches Programm.*
>
> *Mary Joe Fernandez, Tennis-Weltklassespielerin*

Im Sport wie im Beruf spielen zwei grundsätzlich verschiedene Konzentrationsebenen die entscheidende Rolle: die Ebene des Denkens – »Kopf-Konzentration« – und die des Erlebens – »Erlebnis-Konzentration«.

Erlebnis-Konzentration

Im INNER COACHING wird versucht, über die Konzentration auf eine einzige Sache in eine zielgerichtete Aufmerksamkeit hineinzukommen. Im Tennistraining versuchen wir, diese Aufmerksamkeit zu erzeugen, indem wir zum Beispiel die Aufgabe stellen, den ankommenden Ball so genau zu beobachten, daß die Nähte des Balles gesehen werden. So wird eine für die meisten neue Qualität der »Sinnes-Fixierung« erreicht. Manche erleben auf diese Weise zum ersten Mal, was es bedeutet, ohne störende Analysegedanken nur zu sehen. Wird diese Detail-Konzentration entsprechend gelernt und trainiert, ist nach einiger Zeit eine Erweiterung möglich: Immer mehr Details können konzentriert wahrgenommen werden. Man könnte das mit einem Lichtstrahl vergleichen: Zu Beginn ist die Aufmerksamkeit wie ein Laser auf einen Punkt konzentriert. Nach und nach erweitert sich dieser Strahl, und immer mehr Elemente werden beleuchtet. Alle Sinne sind auf Empfang, ein ganzheitliches Wahrnehmungserlebnis wird erfahren, ein neues Raumerlebnis entsteht (»dreidimensionale Konzentration«). Man kommt fast in einen Trance-Zustand, bei dem unglaubliche Leistungen »passieren« können. In diesem Zustand werden Leistungen nicht mehr bewußt gesteuert, sondern sind Reaktionen aus dem intensiven Erleben. Es entsteht eine »Wahrnehmungs-« oder sogar »Erlebnis-Konzentration«. Diese Art der Konzentration hat nichts mit Deuten und Werten zu tun, es wird nur noch voll erlebt, was tatsächlich passiert.

Es geht eigentlich nur, sich auf das Momentane zu konzentrieren und das umzusetzen.

Niki Lauda, Formel-1-Weltmeister

Über Erleben zur Vision

Bei häufigem Training dieser »Erlebnis-Konzentration« entstehen neue Bildwelten. Man denkt weniger in Konzepten wie

»wenn a, dann b«, also nach systematischer Logik, sondern lernt, in Bildern, in Visionen zu leben. Durch die Aktivierung der inneren Vorstellungswelt ist eine völlig neue Kreativität möglich: entdecken durch »vorauserleben«. Diese Fähigkeit, visionär vorauszudenken, könnte man vielleicht »Zukunftssinn« nennen – den sechsten Sinn? Mit der totalen »Erlebnis-Konzentration« kann man diese Fähigkeit trainieren.

Während der Amerikaner Lee Evans für die Olympiade 1968 trainierte, visualisierte er jeden Schritt der 400-Meter-Rennstrecke so lange, bis »ich jeden einzelnen Schritt, den ich machen würde, vor mir sah«. Da er diese Übung immer und immer wieder wiederholte, verbesserte sich sein Stil und sein Tempo. Im Endlauf stellte er einen Weltrekord auf, der erst einundzwanzig Jahre später verbessert wurde. *(Aus »PSI im Sport«, von Michael Murphy)*

Überlegen – Erleben

Echte Erlebnis-Konzentration kann man nur im Hier und Jetzt erleben – die Sinne beschäftigen sich nur mit dem Gegenwärtigen; Vergangenheit und Zukunft sind unwichtig. Im Gegensatz dazu steht die »Kopf-Konzentration«, die sich absichtsvoll mit Vergangenheit, Gegenwart und Zukunft beschäftigt.

> Man kann konzentriert über eine Sache nachdenken,
> nicht aber konzentriert eine Sache tun,
> wenn man gleichzeitig über sie nachdenkt

Wichtig ist es, bewußt zwischen beiden Formen unterscheiden zu lernen. Wenn Erleben, Aufnehmen und Reagieren gefragt sind, sollte die »Erlebnis-Konzentration« eingeschaltet werden, wenn Analyse und Zielsetzung nötig sind, die »Kopf-Konzentration«. Im Sport bedeutet das zum Beispiel, im Moment der Aktion alle Sinne auf Erleben zu programmieren und nur in klaren Pausen zu analysieren und neue Lösungswege zu suchen. Zwischen den beiden Konzentrationsformen gilt es also hin- und herzuschalten. Grundvoraussetzung für dieses Umschalten ist die Fähigkeit, jeden Zustand bewußt halten zu können. Einen Konzentrationszustand bewußt halten ist aber nur dann möglich, wenn man auch gelernt hat, ihn wirklich zu erleben. Vermischungen führen zu Verwirrung.

Verwirrung: – man analysiert, wo man erleben sollte
– man handelt, wo man überlegen sollte.

Im Kopf gefangen

In meiner Zeit als Tennisprofi war eine meiner Stärken das Timing – im Training. Im Wettkampf dagegen war ich mit so vielen Dingen im Kopf beschäftigt – ich »mischte« ständig –, daß gerade diese Stärke zu einer meiner größten Schwächen wurde: Ich traf den Ball immer zu früh oder zu spät, ohne mir klar zu sein, was mit mir passierte – daß meine Konzentration nachgelassen hatte. Es war mir dann einfach nicht mehr möglich, mit bewußter Absicht in die reine »Erlebniskonzentration« zurückzukehren. Das ständige Analysieren hielt mich im Kopf »gefangen«.

»Sinn«-voll leiten

Auch im Geschäftsleben ist die Erinnerungskonzentration, zum Beispiel beim Zuhören, wichtiger denn je. Nur beim echten Zuhören, beim Miterleben, bekommt man die Informationen und »Schwingungen«, die von Bedeutung sind.

Ich habe in letzter Zeit auch mit Managementstrukturen zu tun. Jetzt gerade bei Daimler-Benz, da treffe ich auch höhere Manager, die haben andere Eigenschaften, als man das sich so als normaler Bürger vorstellt. Man denkt, das sind jetzt die toughen Leute, die wissen, wo's lang geht, und das auch deutlich sagen, und alle folgen. Das sind aber sehr oft Leute, die sich gerade dadurch auszeichnen, daß sie sehr gut zuhören können. Und das ist, glaube ich, eine wichtige Eigenschaft.

Gerd Binnig, Nobelpreisträger

Bei einer Mitarbeiterkonferenz kommt es zum Beispiel darauf an, zu registrieren, was tatsächlich passiert. Mitzubekommen, ob die Mitarbeiter konzentriert sind, in welche Richtung das Gespräch geht, ob die Konzentration aus einer entspannten Atmosphäre kommt oder ob sie aus reinem »Sich-Mühe-Geben« entsteht. (Aus solchem »Sich-Mühe-Geben« entwikkeln sich in den seltensten Fällen kreative Lösungen.) Diese Wirklichkeit muß erlebt werden, um sie registrieren und darauf reagieren zu können.

Deshalb ist es gerade für den Leiter einer Konferenz wichtig, bewußt zwischen Erlebnis- und Kopf-Konzentration hin- und herzuschalten. Er selbst sollte aber seine Schwerpunkte eher auf das konzentrierte Erleben legen, als eigene Gedanken zu sehr in den Vordergrund zu stellen. Er hat also hauptsächlich die Funktion, Konzentrationsströme zu lenken, ein entspanntes Klima und damit einen kreativen Raum zu schaffen. Treten in der Runde stärkere Konzentrationsschwankungen auf, werden ungünstige Richtungen eingeschlagen oder behindern andere Störungen den kreativen Prozeß, sollte der Verantwortliche reagieren können: Manchmal ist dann eine Pause, ein Themenwechsel oder ein einfaches, tiefes Atmen am geöffneten Fenster nötig.

INNER COACHING heißt Konzentration

Bei allen INNER-COACHING-Übungen spielt die Konzentration eine entscheidende Rolle. Immer wird die volle Aufmerksamkeit gebraucht und gleichzeitig auch (mit-)trainiert. Das Ziel dabei ist, über einen möglichst langen Zeitraum ein hohes Niveau an »Sinnes-Fixierung« zu halten. Mit Hilfe von Skalen

(von 1 bis 10: 1 bedeutet wenig, 10 bedeutet viel Konzentration) wird die Intensität der Konzentration sehr präzise bewußt gemacht. Der Spieler soll lernen, sich selbst auf diesen Skalen einzuschätzen.
Bei diesen Übungen führen wir die Trainings-Partner oder die Seminarteilnehmer auch bewußt in die verschiedenen Formen der Konzentration – Erlebnis oder Analyse. Die Teilnehmer erfahren so den Unterschied und lernen, die unterschiedlichen Konzentrations-Zustände situationsgerecht anzuwenden.

Konzentration lernen

Daß so viele Menschen mit Konzentrationsschwierigkeiten zu kämpfen haben, liegt auch daran, daß sie nie die Gelegenheit erhalten haben, diese elementare Fähigkeit zu erlernen. Von Kind auf wird man mit einer Fülle von Informationen gleichzeitig bestürmt. Dabei müßte man zunächst die Erfahrung machen, was es heißt, sich auf eine einzige Sache zu konzentrieren. Durch INNER COACHING versuchen wir, Konzentration und die verschiedenen Anwendungsmöglichkeiten zu verdeutlichen und zu trainieren. Grundlage dafür ist die Gewißheit, daß das Gelernte nicht nur im Sport, sondern überall, in allen Lebensbereichen, auch sinnvoll eingesetzt werden kann.

Volles Erleben im Hier und Jetzt

Boris Becker nennt es »the zone« – ein Zustand, in dem er sich in einer entrückten Zone befindet, wo alles um ihn herum unwichtig wird, wo er in Trance verfällt –, wo ihm alles gelingt. Offensichtlich ist ihm in diesem Zustand eine außerordentliche Konzentration möglich. Der weltberühmte Geiger Itzhak Perlman drückt es so aus: »Alles, was zählt, ist nur noch: jetzt, jetzt, jetzt.« Manche nennen es »einen Lauf haben«, andere »voll da sein«. Und alle meinen das gleiche: sich hundertprozentig im Hier und Jetzt befinden, entspannt und doch konzentriert erleben, alle Sinne auf das Ziel gerichtet – die absolute Geistes-Gegenwart.

Ein bißchen mehr ...

Das volle Erleben im Hier und Jetzt, also die absolute Geistesgegenwart, aus der die größten kreativen Werke und Leistungen entstehen, ist ein Zustand, der kaum willentlich beeinflußt werden kann – er kommt und geht, wie von alleine. Meist genügt es allerdings schon, sich lediglich ein wenig in der Fähigkeit, das Hier und Jetzt zu erleben, zu verbessern. Schon ein kleiner Fortschritt hilft, in der Gegenwart anders handeln zu können. Diese Verbesserung ist erlernbar, schon in kürzester Zeit kann man Veränderungen der eigenen Wahrnehmung feststellen – wenn man dies trainiert.

Aus dem Bauch heraus

Wirkliches Erleben entsteht aus dem »Bauch« heraus, die Gedanken und deshalb auch die innere Stimme sind fast völlig abgeschaltet. Gefühle und sinnliche Eindrücke dominieren, Kreativität und »Spontandenken« sind möglich. Natürlich ist die Trennung Kopf/Bauch nur ein bildliches Hilfsmittel, beide sind nie getrennt – der Mensch ist eine Einheit, ein Ganzes.
Im Gegensatz zu unserer Kultur, wo der Kopf der Mittelpunkt des Seins ist, nimmt in vielen anderen Kulturen der Bauch diese Rolle ein. Auf der Grundlage unserer Fixierung auf die Verstandes-Fähigkeiten werden bei uns die analytischen Fähigkeiten stark forciert – in der Schule, in der Erziehung, im Beruf: Deshalb fällt uns das echte, volle Erleben oft so schwer. Auch die Trainingssysteme im Sport – natürlich auch die im Management – sind meist sehr stark »verkopft«. Offensichtlich befinden wir uns, zumindest in unserem Kulturkreis, in einer Epoche der Information: Wissen scheint wichtig, die Fähigkeit zu erleben spielt eine sehr untergeordnete Rolle.

Der »Kokon«

»Wenn ich in diesem Zustand bin, in diesem ›Kokon‹ von Konzentration, dann lebe ich vollkommen in der Gegenwart und bewege mich nicht aus ihr heraus. Ich bin mir eines jeden Zentimeters meines Durchschwungs bewußt. Ich bin voll und ganz bei der Sache und von dem, was ich in diesem besonderen Augenblick tue, völlig absorbiert. Wenn du dich beim Turnier zum ersten Tee begibst und dir sagst: ›Heute muß ich mich konzentrieren‹, ist das nicht das Wahre. Das funktioniert nicht. ›Es‹ muß bereits in dir sein.«

Tony Jacklin, Golfprofi

Intensive Wahrnehmung

Volles Erleben ist wirklich nur im Hier und Jetzt möglich: Erinnern Sie sich daran, als Sie das letzte Mal während dem Essen Zeitung gelesen oder ferngesehen haben. Konnten Sie dabei das Essen, den Geschmack der verschiedenen Gewürze auf der Zunge, noch voll erleben? Wahrscheinlich nicht. Wie beim Essen ergeht es uns in vielen Situationen: Eine angebliche Zeitnot und das Überangebot an Wahrnehmungs-Reizen verhindern das intensive Erleben und treiben uns in ein oberflächliches und zerstreutes »Fast-Life«. Angeblich tun wir das, um unsere Leistungsfähigkeit zu erhöhen. Vielen Menschen ist dabei nicht klar, daß Erleben und Entspannung die Quelle der Lebens-Energie bilden und nur durch echtes Erleben die volle Entspannung möglich ist.

> Erleben und Entspannung bilden
> die Quelle der Lebensenergie

Sinnes-Entwicklung

Jeder Mensch hat unglaubliche Reserven, seine Wahrnehmung zu steigern. Sehen, Hören, Spüren und Empfinden sind Fähigkeiten, die bei vielen noch stark weiterentwickelt werden können. Im Sport sind diese Fähigkeiten von enormer Bedeutung. Wer sich verbessern möchte, muß den Weg über die gesteigerte Wahrnehmung gehen. Wer sich selbst zum Beispiel nicht wahrnimmt – seine Füße, seine Finger, seine Bewegungen –, kann sich nur bedingt verbessern. Wer die Umwelt nicht wahrnimmt, kann nicht optimal auf sie reagieren.

Tennis: Wer den Ball nicht sieht, kann ihn nicht optimal treffen.

Golf: Wer die Distanz nicht erlebt, hat Probleme mit der Wahl der Schläger.

Business: Wer seine Partner nicht hört, kann nicht auf sie eingehen.

Ich versuche die Yacht mit meinem Körper zu spüren und beobachte das Meer und die Luft mit meinen Augen. Für mich hat jeder Luftstrom eine eigene Farbe. Ich versuche, jede Welle mit meinen Füßen zu spüren. Bei den Olympischen Spielen in Mexiko, wo ich meine Bestleistung aufstellte, sah ich alle Luftströme und machte fast keine Fehler.

Valentin Menkin, zweimaliger Olympiasieger im Segeln

Sinnes-Training

Im Rahmen der INNER-COACHING-Übungen werden viele wesentliche Sinneswahrnehmungen trainiert: Gleichgewichtssinn, Sehen, Hören, Fühlen. Im Training für Manager erreichen wir mit unseren speziellen Sinnes-Übungen eine deutliche Steigerung der Wahrnehmungskräfte. Schon nach zwei Tagen beginnen die Teilnehmer, mehr zu sehen, deutlicher zu hören und weitaus intensiver zu spüren. Diese Erweiterung des Sinnesbewußtseins führt später auch im Beruf zu einem sensibleren Umgang mit den Kollegen. Mehr zu spüren oder Wichtiges zu sehen und zu hören hilft in vielen Situationen, kreativer, spontaner und intuitiver entscheiden zu können. So fördert das INNER-COACHING-Training ein wichtiges Gleichgewicht: das Gleichgewicht zwischen Analyse und Wahrnehmung, zwischen Denken und Empfinden.

Erlebnis-Feedback

Entscheidend beim Training des Erlebens im INNER COACHING ist die Bewußtmachung von Sinneseindrücken über Skalen. Man versucht, eine Empfindung auf einer Skala von 1 bis 10 einzuordnen.
Zum Beispiel: Wie fest halte ich meinen Schläger beim Schlag? Nach jedem Schlag gibt der Spieler den Wert an, den er gespürt hat. Bei lockerem Griff wird es eine niedrige, bei sehr festem eine hohe Zahl sein. Durch das Aussprechen der Selbstbeurteilung schafft sich der Spieler eine neue Realität seiner Empfindungen. Durch die Skalierung lernt er, sich selbst in immer feineren Abstufungen zu erleben, und verschafft sich so ein genaues Sinnes- oder sogar Erlebnis-Feedback. Bei der Griff-Skala-Übung nähert er sich auf diese Weise mehr und mehr seiner idealen Griffstärke. Ab diesem Moment weiß er genau und überprüfbar – durch die Festlegung seines Empfindens in abgestimmten Skalenwerten –, welche Griffstärke er auch in Zukunft anwenden will. Bei den nächsten Runden funktioniert die Suche nach der Ideal-Griffstärke (oder anderen Ideal-Zuständen) immer schneller, das Feedback wird intensiver wahrgenommen und fördert die Leistung.
Gerade durch das konzentrierte Erleben der eigenen Griffstärke wurden übrigens schon viele vom Tennis- oder Golfarm kuriert. Allein über die gesteigerte Wahrnehmung war es den Spielern möglich, die Verkrampfung, die in fast allen Fällen die Ursache dieser schmerzhaften Entzündung ist, loszuwerden und sich zu entspannen.

Entspannung

Echte Konzentration ist ohne Entspannung nicht möglich. Gleichzeitig ist die Konzentration auch ein Weg, um in einen entspannten Zustand hineinzukommen. Die Entspannung ermöglicht eine gleichmäßige Performance auf hohem Niveau – die Energie fließt.

Hindernisse

Unbedingtes Wollen, Kontrolle und Festhalten sind die Gegenspieler der Entspannung – wer sich permanent einredet »Ich muß!«, baut übertriebenen Druck auf und verkrampft. Je mehr »Muß-Annahmen« jemand hat – immer stark sein, klug sein, tapfer oder der Beste sein –, desto häufiger wird er sich verspannen. Nicht »Ich muß!«, sondern »Ich *will* das!« ist die innere Formel, die einen entspannten Weg ermöglicht. Andauernde Selbstkritik, Zweifel, das Festhalten an Regeln und Normen stehen ebenfalls der Entspannung im Weg. Genauso sind »sich Mühe geben« oder »sich anstrengen« mögliche Barrieren, die oft zu einer Anspannung im Geist und damit im Körper führen. Die Anspannung beginnt immer in der Gedankenwelt und wirkt sich unmittelbar auf den Körper aus. Der Körper zeigt dann lediglich die nach außen sichtbaren Formen der inneren Verkrampfung.

Vertrauen und Loslassen

Der Gegensatz von Kontrolle und Festhalten ist Vertrauen und Loslassen: Vertrauen in sich selbst und Loslassen von Gedanken, die Anspannung erzeugen. Leider gelingt den meisten Menschen diese Form der Unbekümmertheit nicht, bei gleichzeitiger konkreter Absicht dennoch gelöst zu sein.

Dazu gehören Spaß, keine Angst vor »Falschmachen« und ein Akzeptieren von einfachen Lösungen. Nicht das Problem steht im Mittelpunkt, sondern die Wege zur Lösung.

Die einfache Lösung
»Mensch Stefan, so einfach ist es!« Freudestrahlend stürmte Axel, der Head-Coach meiner Münchner Tennisschule, in mein Büro. In seiner gerade beendeten Trainerstunde hatte sich seine Schülerin Bärbel F. enorm viel Mühe mit ihrer Technik gegeben und einen Ball nach dem anderen ins Netz geschlagen – sie war immer mehr verkrampft. Axel holte sie ans Netz und fragte: »Bärbel, wo landen deine Bälle.« Sie antwortete: »Im Netz!« Axel fragte weiter: »Und wo möchtest du sie hinspielen?« – »Übers Netz!« Beide mußten lachen. Dieser höchst einfache und entspannende Dialog hatte dann dramatische Auswirkungen: Von den nächsten fünfundsiebzig Bällen landeten so gut wie alle im Feld. Für Bärbel war das eine unglaubliche Leistung.

Entspannung ist für niemanden ein Problem, solange es um »nichts« geht – sich im Kino bei einem schönen Film zu entspannen, sich gehen zu lassen, darüber bräuchte man kein Wort zu verlieren. Erst wenn die Situation »heikel«, »aufregend«, »wichtig«, also auf irgendeine Weise bedeutungsvoll wird, haben viele Menschen Schwierigkeiten. Dabei ist es nicht die Situation an sich, sondern immer der Handelnde und seine Sichtweise, die daraus etwas Besonderes und manchmal Bedrohliches machen.

Was ist, ist,
was ich daraus mache,
bestimmt mein Leben

Um entspannt zu bleiben, genügt es also oft, die Situation einfach nur so zu erkennen, wie sie tatsächlich ist. Im Tennis zum Beispiel: nicht »Gleich ist das Spiel weg«, sondern »Es steht 30:40, 2. Aufschlag«. Im Golf: nicht »Da komm ich nicht raus«, sondern »Der Ball liegt im Bunker«. Im Büro: nicht »Das schaff' ich ja nie«, sondern »Bis um 17.15 Uhr soll die Kalkulation fertig sein«. Solche »selbstgemachten Bedrohungen« sind der erste Schritt zum Scheitern. Wenn man die Wirklichkeit unmittelbar erkennen und akzeptieren lernt, kann man ganz anders, vor allem entspannter, mit Situationen umgehen. Wer aber die Wirklichkeit ständig interpretiert und bewertet, sie also erst durch das Raster seines Denkens filtert, wird nie ganz zur inneren Ruhe gelangen.

Atmen

In Momenten von Verspannung hilft meist ein Umsteigen auf die »Erlebnis-Konzentration«. Ein ganz einfacher, aber sehr wirkungsvoller Weg dahin ist die Atmung. Die Konzentration auf ein tiefes Ausatmen, das Erleben des Atmens, wirkt oft Wunder – der ganze Körper entspannt sich, die Gedanken werden zur Ruhe gebracht, neue Sichtweisen sind möglich. Jeder kennt wohl den tiefen, erlösenden Seufzer nach einem belastenden Erlebnis. Nur wenige haben es gelernt, diese »Erlösung« schon vorher absichtsvoll einzusetzen. Natürlich ist es sinnvoller, sich vor der Situation als danach zu entspannen. Tief durchzuatmen vor einer Belastung lockert, befreit und beeinflußt so das konkrete Handeln. Durchatmen nach der Situation dient einzig und allein der eigenen seelischen Hygiene.
Es gibt verschiedene Techniken der Entspannung: autogenes Training, Yoga-Übungen, Atem-Therapie und vieles andere mehr. Wenn diese Techniken auch oft recht gut funktionieren, so muß doch klar sein, daß nur über ein bewußtes Erleben der Wirkung ein tatsächlicher Einfluß auf die Psyche und auf verspannende Gedanken erreicht werden kann. Man erhält die Chance, die eigenen Automatismen der Ver- und Entspannung zu erleben und zu erkennen. Durch Training kann man es schaffen, auch in Streßsituationen zu entspannen.

Coaching

Ein Coach kann helfen, verspannende Gedanken aus der Situation herauszulösen, sie einzugrenzen, und damit die Möglichkeit

eröffnen, mit ihnen neu umzugehen. Die Selbsteinschätzung wird realistischer, man kann erfahren, wie das eigene Denken und Handeln direkt zusammenhängen.
Weltklasseathleten haben schon längst entdeckt, wie hilfreich es sein kann, mit der eigenen Atmung eine größere Entspannung zu erreichen. Bei fast allen Top-Tennisspielern kann man erkennen, wie sie die Pausen zwischen den Punkten nützen, um Verspannungen loszuwerden und Energie aufzunehmen. Sie atmen konzentriert, tief und regelmäßig und lösen sich so von der angespannten Situation. Unerfahrene Sportler hetzen von Punkt zu Punkt und gönnen sich kein Auftanken.

In vielen östlichen Kampfsportarten spielt die Atmung sogar eine dominierende Rolle. Durch Üben von Bauchatmung wird versucht, die innere Energie zu entfalten. Sobald zum Beispiel ein Karatekämpfer Streß ausgesetzt wird, beginnt er unwillkürlich mit seinem Atemrhythmus. Sofort fühlt er sich ruhig und beherrscht. Auch in der westlichen Welt gewinnt die Atmung immer mehr an Bedeutung. Profi-Basketballer aus der amerikanischen Super-Liga NBA beschreiben, wie sie sich vor Freiwürfen entspannen, indem sie tief einatmen und dann die Luft langsam aus den Lungen strömen lassen.

INNER COACHING heißt Entspannung

INNER-COACHING-Übungen finden immer in einem Raum der Entspannung statt, in einer gelösten Atmosphäre. Nicht selten verwenden wir ruhige Musik, beim Training von einzelnen sehr oft deren Lieblingsmusik. Grundvoraussetzung für den Coach, um Entspannung bei anderen zu ermöglichen, ist es, selbst frei und gelöst zu sein: Das Training muß ihm selbst Spaß machen. Es geht aber nicht darum, die eigene gute Laune und Entspannung dem Partner als Ziel vorzugeben, sondern darum, diesen seine persönliche Form des Wohlbefindens erleben zu lassen. Für den einen kann das bedeuten, mal wieder richtig stark zu schwitzen, für den anderen, zu entspannen und zu kommunizieren, und für den dritten vielleicht, Tennis als Tanz, als Ballett zu erleben. Letztlich ist es die Aufgabe des (Inner-) Coaches, die Gedanken zur Ruhe zu bringen.

Ein entspannter Körper
durch einen entspannten Geist

Entspannung lernen

In unserer hektischen Welt wird es immer wichtiger, sich wirklich entspannen zu können. In der Werbung – sogar von Krankenkassen – taucht immer öfter die Meditation als Symbol für Entspannung und Gesundheit auf. Doch nur die wenigsten haben gelernt, ihre Entspannungsfähigkeit zu entwickeln und zu nutzen. Dabei sind einfache Formen der Meditation leicht trainierbar: Bei jedem Schlag ausatmen kann leicht zur »Tennismeditation« führen. Über die konzentrierte Entspannung, die bei der INNER-COACHING-Übung »Hopp-hit« entsteht, kommt man ebenfalls in meditationsähnliche Zustände. Man braucht also kein Yogi zu sein, um die ersten Schritte in Richtung Entspannung zu tun.

Ich habe als junger Mensch angefangen, mich morgens hinzusetzen und kommen zu lassen, was kam. Und nachdem ich das jahrzehntelang getan habe, haben mir eines Tages indische erfahrene Meister in diesem Fach gesagt, dies sei Meditation.

Carl Friedrich von Weizsäcker,
Physiker und Philosoph

Sport als Weg zur Entspannung

Genauso wie bestimmte Entspannungstechniken kann auch der Sport als Entspannungstraining genutzt werden. Im Sport hat

man die Gelegenheit, den permanenten Prozeß von Denken, Anspannung, Überwinden von Ängsten und Loslassen hautnah zu erleben.
Wenn dieser Prozeß allerdings nicht bewußt erlebt wird, kann er nicht genutzt werden – es ist die Aufgabe des Coaches, beim Erleben und Erkennen dieser Prozesse zu helfen. Auf diese Weise kann der Sport zur Verbesserung der inneren Fähigkeit Entspannung eingesetzt werden. Entspannung ist erlernbar.

Zum Entspannen ...

Der Manager ist die Krone der Erschöpfung.
Werner Mitsch, Schriftsteller

Spitzenmanager zeichnen sich durch drei Charakteristika aus: langsames Sprechen, eindrucksvolles Auftreten und völlige Humorlosigkeit.
Johnson O'Connor, Unternehmer

Interview mit Gerd Binnig, Nobelpreisträger für Physik

Gerd Binnig war jüngster Nobelpreisträger der Physik, ist der Erfinder des Tunnelmikroskops und Buchautor: »Aus dem Nichts – über die Kreativität von Natur und Mensch«

Schaffelhuber: Woher kommt Ihre persönliche Kreativität?

Binnig: Meine persönliche Kreativität? Das kann ich nicht sagen. Ich weiß nur, daß ich versuche, kreativ zu sein, und daß es mir auch manchmal gelingt, es zu sein – gerade, weil ich es immer wieder versuche. Ich kann einfach gar nicht anders: Ich muß immer wieder neue Dinge ausprobieren, dabei fall' ich natürlich oft auf die Schnauze. Aber ich laß' mich dadurch eigentlich nicht so sehr entmutigen. Das seh' ich auch bei anderen, daß das so abläuft.

Schaffelhuber: Sie haben also auch keine Angst, Fehler zu machen?

Binnig: Doch, doch! Ich hab' all das, was andere Leute auch haben. Wenn ich Fehler mache, dann bin ich deprimiert. Ich habe auch Angst davor, mich zu blamieren, hab' auch Angst davor, Fehler zu machen. Dies alles, vielleicht nur ein bißchen weniger. Es ist kein prinzipieller Unterschied. Ich fühl' mich ein bißchen mehr außerhalb der Gesellschaft. Den Zwang zur Anpassung verspüre ich vielleicht etwas weniger als andere.

Schaffelhuber: Was ist für Sie kreative Forschung?

Binnig: Das kann ich nur emotional beantworten. Wenn ich irgendwie kreativ arbeite, dann empfinde ich irgend etwas dabei. Für mich ist es dann wirklich so etwas wie ein Abenteuer. Da geht man in ganz neue Gebiete hinein und läßt einfach mal Gedanken zu. Gedanken, die man noch nicht mit jemand anderem ohne weiteres diskutieren kann, ohne gleich eines übergebraten zu kriegen. Und man bahnt sich einen Pfad durch unbekanntes Gebiet. Das seh' ich immer als einen Prozeß. Das ist nie nur ein Gedanke. Es ist immer eine ganze, ewig lange Kette von Gedanken. Man braucht einen langen Atem dazu. Vor allen Dingen aber braucht man Spaß daran. Es ist ein Prozeß, ein evolutionärer Prozeß. Den überhaupt zu durchleben, dazu braucht man sehr viel Zeit und die Fähigkeit, dabei Spaß zu empfinden. Wer die Freude an diesem Prozeß nicht hat, der hört nach zwanzig, dreißig Schritten auf und kommt nie an, nie an irgendein Ziel. Wenn ich während eines solchen Prozesses mit anderen Leuten drüber rede, ist das allerdings sehr oft entmutigend. Man findet sehr, sehr selten Leute, die dann sagen: »Oh, das ist aber ein interessanter Weg. Da möcht' ich gleich mitgehen.« oder »Kann ich vielleicht etwas helfen?« Das passiert extrem selten. Die meisten Leute sagen dann: »So ein Schmarrn!« Und dann kommt oft bei mir etwas anderes in Bewegung. Ein Gefühl wie: »Jetzt erst recht! Denen zeig' ich's schon.« Es kann dann aber auch entmutigen. Man fragt sich, »Na, vielleicht haben die Leute ja recht?« Es kommt vor, daß das einen irgendwie auslaugt. Glücklicherweise trifft man aber manchmal Leute, die selbst ein bißchen freier denken können und nicht nur in den alten Bahnen. Die auch Spaß daran haben, eingefahrene Denkweisen zu verlassen. Das sind eigentlich so die spielerischen Leute. Die Freude daran haben, zu spielen. Ich sehe mich selbst ein bißchen als Spieler, ehrlich gesagt.

Schaffelhuber: Ist für Sie Routine und Kreativität ein Problem? Gibt es Phasen, wo Sie sich in die Routine stürzen oder wo die Routine Sie einholt, wo dann nicht mehr soviel Kreativität möglich ist?

Binnig: Ja, das ist ganz sicher so. Das ist auch ein täglicher Kampf: Alles, was Routine ist, ist mir an sich zuwider und das langweilt mich dermaßen, daß es mich immer wieder runterzieht. Dann muß ich mich dagegen wehren, das ist ein dauernder Kampf. Es ist furchtbar, nur Briefe zu beantworten jeden Tag. Was ich sehr gern mache, ist, völligen Abstand von der Routine zu nehmen und mir alles von weitem anzuschauen und dann die Gedanken spielen zu lassen. Dann vielleicht sich eine Richtung aussuchen und denken: »Das wär jetzt mal ein interessanter Weg, den möchtest du beschreiten.« Als ersten Schritt, einmal hemmungslos zu träumen. Dann als nächsten zu prüfen, ob sich die Träume realisieren lassen, und dann als letzten, in die Routine einzusteigen. Das sehe ich deutlich, wenn wir hier in unserer Abteilung forschen. Hat man sich einen vielversprechenden Weg erst einmal erträumt, kommt man nicht ohne Routine aus. Man braucht ein bißchen Routine, damit man die Knöpfe in die richtige Richtung dreht. Und dann macht es sogar Spaß, Routine zu gewinnen. Man weiß ja jetzt, wofür, man hat ein Ziel, einen Traum zu verwirklichen.

Schaffelhuber: Was fällt Ihnen zu dem Begriff »fleißiger Musterschüler« ein?

Binnig: Musterschüler ist für mich ein sehr negativ besetzter Begriff. Ich kenne viele Beispiele von solchen Leuten, die extreme Schwierigkeiten hatten nachher, als die Schule vorbei war. Ich habe überhaupt ein großes Problem mit der Schule. Das ist so ein Selbstbefriedigungssystem. Die Schule ist eben gerade nicht so, wie der Spruch immer lautet: »Nicht für die Schule, für das Leben lernen wir«, sondern es ist eben doch so, daß man für die Schule lernt. Ein Musterschüler wird auch gerne wieder Lehrer. Es dreht sich im Kreis. Daß Leute später im Leben besonders gut zurechtkommen, wenn sie Musterschüler waren, kann ich nicht behaupten. Da habe ich genau das Gegenteil erfahren. Eben weil es gerade heutzutage doch extrem wichtig ist, auch spielerisch mit den Dingen umzugehen. Und das wird ja in der Schule überhaupt nicht gefördert – aber im Leben braucht man es. Wer nur reproduziert und das macht, was alle machen, der ist ja nur einer unter Millionen. Während der, der es spielerisch macht, vielleicht auf Originelles kommt und damit in einer kreativen Gesellschaft einen hohen Wert darstellen kann. Einer, der nur reproduziert, ein Mitläufer sozusagen, kann in dem ganzen kreativen Prozeß, der momentan in unserer Gesellschaft stattfindet, nicht so richtig mitmachen.

Schaffelhuber: Stichwort Entspannung und Konzentration. Was könnte das für Sie bedeuten?

Binnig: Ich habe ein ganz konkretes Bild davon, was das ist. Es geht um das, was momentan überall in der Welt stattfindet. Das Weggehen von zentralistischen Systemen zu nicht-zentralistischen. Es gibt eigentlich noch kein Wort dafür, ich nenne es »fraktales Management«: Wo verästelt entschieden wird und verästelt gedacht wird. Es gab früher Firmen, die altmodisch von einem geführt wurden, der alle wichtigen Entscheidungen allein traf und der auch über alle Details informiert war. Das wäre heute gar nicht mehr denkbar. Heute kann nicht einer alleine die Entscheidungen treffen. Entscheidungen, auch die, die sehr wichtig sind, werden auf allen Managementebenen getroffen – also nicht nur die unwichtigen. Das meine ich mit diesem verästelten Entscheiden. Unser Gehirn sehe ich genauso: als nichts anderes als so ein System von Untergruppierungen, die miteinander reden. Wenn nun das ganze Gehirn entscheidet, dann finden verästelte Entscheidungen und verästelte Erkenntnis- und Denkprozesse statt. Früher wurde eher zentralistisches Denken gefördert. Es ging um das Bewußtsein, so wurde das genannt – das, finde ich, ist ein völlig falscher Begriff. In unserem Gehirn gibt es eben nicht nur zwei »Management-Ebenen« – Bewußtsein und Unterbewußtsein –, sondern wesentlich mehr. Es hieß: »Ich entscheide das mit dem Verstand«, aber dann ist da wohl irgend etwas in uns, was alles kontrollieren will. Und das ist einfach der falsche Weg. Für mich ist Entspannung genau das Weggehen davon. Entspannung ist eigentlich der Weg dahin, daß das ganze Gehirn miteinander redet. Das ist ein Prozeß, der das ganze Gehirn durchflutet: Alles entscheidet mit. Dann trifft man natürlich viel besser die richtigen Entscheidungen, wenn alle mitdenken. Alle Teile und nicht nur so ein kleiner Teil, den wir Bewußtsein nennen. Mit komplexen Vorgängen ist das Bewußtsein schlichtweg überfordert. Wenn man eine mathematische Gleichung herleitet und man schon weiß, da kommt was raus – also wieder die schulische Situation –, das kann man rein mit Bewußtsein machen, da wendet man einfache logische Gesetze an und damit kommt man zum Endergebnis. Aber schon wenn ich gar nicht weiß, ob ich überhaupt ein Endergebnis erhalte, muß ich mir ja vorher überlegen, ob ich überhaupt diesen Rechenvorgang machen will. Das kann man zum Teil gar nicht mit dem Bewußtsein entscheiden. Da braucht es wiederum das ganze Gehirn dazu.

Schaffelhuber: Was verstehen Sie denn unter dem Begriff Logik?

Binnig: Man hat so bestimmte Regeln, nach denen man denkt, die kennen wir gar nicht. Die finden auf sämtlichen Ebenen statt, in der verästelten Maschinerie unseres Denkens und Handelns. Das sind die Regeln, nach denen vorgegangen wird, und da gibt's ganz elementare, die oft schon vor Millionen von Jahren begründet wurden. Es sind einfach Regeln im Sinne von regelmäßigem Verhalten. Wenn wir eine schöne Frau sehen, dann klickt's irgendwo in uns. Das ist eine Regel. Und das sind ganz alte Regeln, die irgendwann einmal von der Natur aufgestellt worden sind, und die gibt's auf allen Ebenen. Genau das ist für mich die Logik. Das ist das Denken nach Regeln. Denken ist dabei für mich nicht nur der Prozeß in unserem Bewußtsein, sondern im ganzen Gehirn, zum Teil sogar in anderen Teilen unseres Körpers.

Schaffelhuber: Das heißt also, Sie sehen die Logik im Zusammenhang mit Kontrolle?

Binnig: Ja, und mit zielgerichtetem Denken.

Schaffelhuber: Kennen Sie Ihren, ich sage jetzt mal »Ihren Kontrolleur«? Können Sie Ihre Gedanken auch so ein bißchen lesen? Wissen Sie, wann Sie sich mit sich selbst unterhalten, und können das unterscheiden? Daß Sie sagen, das ist der, der mich kontrolliert, und das ist mein Freigeist?

Binnig: Das ist richtig. Das ist so eine Art freiwillige Selbstkontrolle. Ich glaube, daß ich einfach irgendwann 'mal gespürt habe, hier sind meine Grenzen, wie kann man die durchbrechen? Ziemlich früh, glaube ich. So mit vierzehn, fünfzehn fing

es vielleicht an. Und dann habe ich mir sehr viele Gedanken über Psychologie gemacht und habe mir überlegt, woher kommt das, was ist das, was steuert dich da jetzt? Da habe ich angefangen, mich beim Denken zu beobachten. Vieles ist mir dadurch klarer geworden. Ich glaube, ohne das hätte ich gewisse Grenzen nie überschreiten können. Ich habe mich dann auch mit Entspannungsübungen beschäftigt, und dann, so mit siebzehn, ein ganzes Jahr Selbsthypnose gemacht. Nur nach einem Buch, aber ich habe es sehr intensiv, jeden Tag gemacht. Das waren extrem wichtige Dinge für mich, die ich da erlebt habe.
Aber nochmal zur Entspannung: Heute sag' ich halt, das ist ein fraktales Wesen, unser Verstand, und da streiten sich die Wesen oft miteinander wie zum Beispiel in einer Gruppe. Ich stell' mir das einfach vor wie eine Gruppe von Menschen. Das kann so sein, daß der eine sagt: »Du bist blöd. Mit dir rede ich nicht!« Im Entspannungszustand jedoch reden die einfach miteinander. Das ist, wie wenn vielleicht die Leute zwei, drei Gläschen Alkohol miteinander getrunken haben: Plötzlich ist man viel freundlicher und sagt mal was, was man sonst nicht sagen würde. Und so stelle ich mir den Entspannungszustand vor, wo die einzelnen Untergebiete unseres Verstandes mal wieder miteinander reden, die sonst zerstritten sind.

Schaffelhuber: Unter Streß oder Ärger ist praktisch dann der Austausch nicht mehr möglich.

Binnig: Genau. So sieht man es ja auch in einer Gruppe von Leuten, das habe ich schon oft genug erlebt. Unter Streß gesetzt, kann es leicht passieren, daß einer sich durchsetzt und nicht die Gruppe entscheidet. Der hat dann schon Argumente: »In fünf Minuten müssen wir es durchziehen, also können wir uns gar nicht zusammenfinden. Ich sag' euch, wo's lang geht. Seid ihr einverstanden? Abstimmen.« In fünf Minuten ist das durch, und einer hat einfach alle seine Punkte durchgebracht. So stelle ich es mir auch in unserem Verstand unter einer Streßsituation vor. In einer Streßsituation setzt sich ein kleiner Teil des Gehirns durch und sagt einfach: »Mir nach, alle mir nach und so geht's.« Und die anderen sind tot, einfach mundtot gemacht, kommen nicht zu Wort. Da kann natürlich eine völlig falsche Entscheidung herauskommen. Vielleicht sitzt in der Gruppe ja einer, der sich nicht so durchsetzen kann, aber der im Prinzip vielleicht viel besser weiß, wo's langgeht. Und der, glaube ich, kommt oft gar nicht zu Wort, oder die anderen hören ihm gar nicht zu. Käme er zu Wort und die anderen würde es interessieren, was er zu sagen hat, würden die wahrscheinlich begreifen, der hat eigentlich die besseren Argumente als der andere. Aber in so einer Streßsituation ist das halt nicht so. Das ist auch gut so, für die Notsituation auch richtig. Nur behaupte ich, wer ständig streßartig denkt, vernachlässigt die Fähigkeit des Gehirns, ganzheitlich, fraktal zu denken, und verblödet somit nach und nach.

Schaffelhuber: Das heißt aber letztlich, daß für die heutige Arbeitswelt Entspannung extrem wichtig, ja sogar notwendig ist.

Binnig: Ja. Das ist ganz wichtig.

Schaffelhuber: Spüren Sie das eigentlich, wenn Sie im Streß sind?

Binnig: Das spüre ich, ja, und da steh' ich auch nicht über den Dingen. Ich bin oft in Streßsituationen gefangen und spür' es und weiß nicht, wie ich rauskommen kann. Mein Körper teilt mir das so schnell mit: Ich reagiere sehr stark mit Muskelverspannung. Die signalisiert es mir, oft von einer Sekunde auf die andere. Eine falsche Entscheidung getroffen, und dann merke ich, innerhalb eine Sekunde, wie mein Körper reagiert.

Schaffelhuber: Sie sind da schon hochsensibel.

Binnig: Ja, vielleicht haben andere auch diese Muskelverspannung, merken es bloß nicht so deutlich, das kann ja sein. Ich komm' ja auch in solche Situationen, wo ich erst nach einer Woche merke: »Mann, jetzt bist du 'ne ganze Woche schon verspannt! Was ist los?«

Schaffelhuber: Wie kommen Sie 'raus? Haben Sie einen Coach? Einen persönlichen Coach?

Binnig: Den habe ich leider nicht. Das ist schade. Hier am Institut coachen wir uns gegenseitig. Wenn es einfach bei irgend jemandem nicht gut läuft oder wenn man mal irgendwo nicht genau weiß, was man machen soll, dann reden wir miteinander. Das funktioniert ganz gut. In Rüschlikon (früherer Arbeitsplatz und heutiger Arbeitgeber Binnigs in der Schweiz, Anm. d. Verf.) hatte ich eigentlich einen persönlichen Coach, das war der Heini Rohrer, mit dem habe ich immer gesprochen. Gut, ich habe ihn auch irgendwo gecoacht, aber vielleicht er mich mehr, weil er der Erfahrenere war von uns beiden. Er ist Jahrgang '33, und ich bin Jahrgang '47. Er war auch mein Manager. Das habe ich als sehr angenehm empfunden. Er konnte mir oft durch ein Gespräch helfen in Situationen, wo ich selbst hilflos war. Das war sehr, sehr schön. So etwas habe ich momentan in dem Sinn nicht. Ich muß sagen, ich vermisse es. Es wäre sinnvoll, auch in der Wissenschaft eher vom Coaching zu reden als vom Management.

Schaffelhuber: Welche Eigenschaften besitzen Sie, und welche machen Sie so erfolgreich?

Binnig: Ja, erfolgreich, das ist sehr relativ. Also manchmal habe ich das Gefühl, es läuft überhaupt nicht, es geht alles schief. Manchmal läuft's halt auch mal ganz gut. Aber im Grunde genommen, so das Gefühl, erfolgreich zu sein, habe ich immer erst im nachhinein: »Damals, vor zehn Jahren, das war eigentlich gar nicht so schlecht.« Aber wenn ich im Prozeß drinstecke, empfinde ich den nie als erfolgreich.

Schaffelhuber: Das heißt, Sie machen etwas nicht, um Erfolg zu haben, sondern das passiert von selber?

Binnig: Das passiert eigentlich von selber, ja. Da packt mich irgend etwas. Daß dann doch mal der Gedanke an Erfolg 'ne Rolle spielt, im Sinn von »Ja, wenn das jetzt funktioniert, dann kommst du groß raus« oder so, könnte ich mir vorstellen. Das wird einem oft gar nicht bewußt, aber es treibt einen dann vielleicht voran.

Schaffelhuber: Haben Sie an sich persönlich eine hohe Erwartungshaltung?

Binnig: Das schon, ja, das schon. Ich habe relativ viel Ehrgeiz, das würde ich schon sagen.

Schaffelhuber: Ist das immer nur positiv zu sehen?

Binnig: Nein, das ist nicht nur positiv zu sehen, weil das manchmal auch zu einer Verkrampfung führt. Und gerade wegführt vom Spielerischen. Um da ganz offen zu sein: Nachdem ich den Nobelpreis bekommen habe, da bin ich mal durch so eine Phase gegangen, da habe ich das viel zu verbissen gesehen. So nach dem Motto: »Jetzt mußt du es ihnen mal zeigen, daß das kein Zufall war, daß sich das wiederholen kann.« Da war ich zu verbissen und habe letztlich gemerkt, daß etwas mit mir nicht stimmt. Ich habe dann eigentlich oft die falschen Entscheidungen getroffen. Kann ich jetzt aber auch erst im nachhinein so sehen. Ich hab' schon damals gespürt, irgendwie machst du es nicht richtig im Moment. Aber ich hab' da irgendwie nicht so richtig durchgeblickt. Und jetzt muß ich sagen – das ist nun ein paar Jahre her –, jetzt macht's mir wieder richtig Spaß zu arbeiten. Zu der Zeit war die Freude auch weg und dann läuft nichts mehr. Man kann nicht spielen und gleichzeitig verbissen sein, das ist ein Widerspruch. Da krankt zum Beispiel der deutsche Fußball dran: Die spielen oft sehr verbissen, und deshalb gefällt er mir auch nicht mehr.

Schaffelhuber: Was fällt Ihnen zum Thema »Macht und Kreativität« ein? Sind das Widersprüche?

Binnig: Ich habe in letzter Zeit auch mit Managementstrukturen zu tun. Jetzt gerade bei Daimler Benz, da treffe ich auch höhere Manager, die haben andere Eigenschaften, als man das sich so als normaler Bürger vorstellt. Man denkt, das sind jetzt die toughen Leute, die wissen, wo's langgeht, und das auch deutlich sagen, und alle folgen. Das sind aber sehr oft Leute, die sich gerade dadurch auszeichnen, daß sie sehr gut zuhören können. Und das ist, glaube ich, eine wichtige Eigenschaft. Damit ist der Machtmißbrauch schon fast ausgeschlossen. Wenn man aber Macht so einsetzt, daß die Kommunikation unterbrochen ist, dann ist es natürlich absolut schädlich für die Kreativität. Aber sobald die Macht so eingesetzt wird, daß die Information fließt, daß man sich in der Machtposition letztendlich auch als ein Diener sieht, dann seh' ich kein Problem. Ein Coach kann einen sicherlich auch in eine völlig falsche Richtung dirigieren. Er könnte seine Macht mißbrauchen.

Schaffelhuber: Er könnte mit der Macht coachen, oder er könnte Diener sein.

Binnig: Ja, ich glaube, ein guter Coach versteht sich immer als Diener, oder?

Schaffelhuber: Ja, ganz klar.

Binnig: Zumindest als Diener der Sache, vielleicht nicht so sehr als Diener der Person.

Schaffelhuber: Ja, natürlich. Er kann aber auch beides sein. Was heißt für Sie »Vertrauen« und »Loslassen«?

Binnig: Ja, Loslassen ist für mich ein ganz wichtiger Begriff. Mit dem werde ich praktisch täglich konfrontiert. Der ist immer mit Trauer verbunden, irgend etwas stirbt immer beim Loslassen. Es ist immer schwer, wenn etwas stirbt, ob es nun eine Person ist oder nur ein Gedanke. Das kann im kleinen und im großen passieren. Auf jeder Skala ist es immer etwas Trauriges. Deshalb fällt es einem ja auch so schwer. Man muß sich halt klarmachen: Man kann nichts gewinnen, ohne etwas anderes zu verlieren. Und dann fällt es einem leichter loszulassen – aber ohne diesen Prozeß geht es nicht. Gerade in der Kreativität geht's nicht, weil man da ja etwas Neues sucht. Und etwas Neues findet man nur, wenn man etwas Altes losläßt. Aber es ist immer hart.

Schaffelhuber: Aber was hindert einen am Loslassen?

Binnig: Ist es nicht einfach oft das Vertraute? Dieses Spannungsfeld zwischen Geborgenheit und Abenteuer. Die Neugier treibt einen immer wieder in neue Abenteuer, aber gleichzeitig will man in den bestehenden Strukturen geborgen sein, an ihnen festhalten. Die gehören ja zum eigenen Leben, und sobald man dann losläßt, entsteht Unsicherheit. In solchen Situationen mache ich immer folgendes: Ich stelle mir immer konkret vor, was passiert, wenn ich jetzt loslasse. Da kann's ruhig an ganz existenzielle Dinge gehen. Ein wichtiger Schritt war es ja für mich, von der Schweiz hierher zu gehen nach Deutschland. Da habe ich auch gedacht: »Ja und, was passiert, wenn du das wirklich machst?« Es kann sein, daß ich nicht mehr bei der gleichen Firma bleiben kann, bei der ich mich sehr wohlgefühlt habe. Daß mich vielleicht keiner will. Und dann stelle ich mir alles vor, was passieren kann, auch die schlimmsten Fälle, und empfinde sie dann, in dem Moment, gar nicht mehr so schlimm. Viel weniger schlimm als dieses dubiose Gefühl: »Was könnte alles passieren?« Wenn ich erst mal den Mut gefaßt habe, mir all diese schlimmen Fälle vorzustellen, dann ist es für mich gelöst, dann kann ich loslassen. Wenn ich diesen Schritt nicht schaffe, mir vorzustellen, was passiert, kann ich auch nicht loslassen.

Schaffelhuber: Sind Sie ein Mensch, der sich gut konzentrieren kann? Ist das wichtig?

Binnig: Konzentrieren kann ich mich sehr gut. Das funktioniert gut, ich kann mich völlig mit einer Sache beschäftigen. Andererseits kann ich mich aber auch sehr, sehr stark entfernen und schweben. Das geht auch. Aber das empfinde ich auch fast so wie Konzentration. Das ist irgendwie komisch. Das sind zwei verschiedene Zustände. Einmal denke ich sozusagen drüber nach, was will ich überhaupt hier auf dieser Welt? Das ist ein Konzentrieren mehr auf die philosophischen Gedanken. Das andere Extrem ist, wenn mein ganzes Gehirn sich auf ein winziges Detail konzentriert, wie konstruiere ich eine Schraube mit Linksgewinde oder so. Auch das geht bei mir schon.

Schaffelhuber: Ich glaube, ich kenne diese Zustände: Ich kann z. B. heiß duschen, 'ne halbe Stunde, ich bin nicht mehr da. Ich denke eine halbe Stunde und kriege alles, was ich denke, mit, und ich merke, daß dann Sachen dabei sind, wo ich sag': »Mensch, das ist ja genial, wie kannst du auf so etwas nur kommen?« Da ist viel möglich. In dem Zustand sind Sie auch gerne?

Binnig: Bin ich sehr gerne, ja. Ein sehr schöner Zustand, der mir dann oft auch mitteilt, wie es weitergeht. Zumindest die groben Strukturen. Und dann fällt mir manchmal etwas auf, was ich eigentlich die ganze Zeit völlig falsch gemacht habe. In solchen Zuständen treffe ich auch wichtige Entscheidungen. Oder da werden sie vorbereitet, nachher werden sie dann getroffen. Ich kann da auch ein Beispiel geben. Meine Gruppe hier, die habe ich schon die ganze Zeit gemanagt, und dann ist es oft etwas hinderlich für die Kreativität, wenn man auch all diese formalen Dinge machen muß. Und jetzt, durch einen Krankenhausaufenthalt, war ich öfters in dem Zustand. Da lag ich ja den ganzen Tag im Bett und habe nur an die Decke geschaut – da war ich immer in dem Zustand. Da langweile ich mich keine Sekunde. Das habe ich so genossen, weil ich auch mal wieder länger in dem Zustand sein konnte. Und da ist mir dann auch klar geworden: »Du könntest ja eine Lösung für das Problem finden.« Man akzeptiert oft die Probleme und denkt nicht daran, daß eine Lösung existieren könnte. Und die Lösung ist jetzt schon gemacht, weil jetzt jemand anders hier diese Gruppe managt. Das ist zum Beispiel auch verbunden mit Loslassen. Ich laß' jetzt los von der Machtposition, ich bin jetzt hier nicht mehr der Manager. »Werde ich jetzt überhaupt noch ernst genommen?« könnte man sich ja dann fragen. Da habe ich mir vorgestellt: Was passiert denn wirklich, wenn die Macht ganz weg ist? Das wäre ja wunderbar, wenn ich überhaupt nicht mehr ernst genommen würde. Dann hätte ich wieder viel mehr Freiraum. Das wäre eigentlich sehr schön.

Schaffelhuber: Das ist ja ein toller Gedanke. Was bedeuten für Sie »festgelegte Denkstrukturen«? Vielleicht das, was Sie bisher gelernt haben von Professoren, von anderen Wissenschaftlern?

Binnig: Also was sie ganz allgemein für mich bedeuten?

Schaffelhuber: Ja. Zum Beispiel: In der Physik gibt es ja viele Regeln und Gesetze. Sind die endgültig, oder gibt es die Möglichkeit, daß wir da auf Lösungen kommen, die wieder ganz anders ausfallen? Früher hat man gesagt, die Erde ist eine Scheibe, dann hieß es, eine Kugel. Gibt es jetzt auch noch solche Strukturen, wo radikale Veränderungen möglich sind?

Binnig: Ja, das ist ganz sicher so. Zum Beispiel ändert sich das Bild von unserem Universum momentan sehr stark. Da gab es ja viele Vorstellungen, zum Beispiel den Urknall. Jahrzehnte galt das felsenfest. Da ist irgendwann einmal aus einer singulären Explosion die Welt entstanden. Momentan ist das sehr, sehr zweifelhaft. Also ich würde sagen, in zwanzig, dreißig Jahren, da haben wir wieder ein völlig neues Weltbild, das in sehr starkem Widerspruch zu dem steht, was man bis heute gedacht hat. Nicht ganz, denn auch eine Scheibe ist ja nicht völlig im Widerspruch zu einer Kugel, das ist halt eine plattgedrückte Kugel, wenn man so will. Da kommen unheimlich viele Sachen, glaube ich, auf uns zu. Aber es gibt schon ein paar Sachen, die sind schon sehr etabliert. Aber auch da gibt es immer Überraschungen. Feststehende Regeln, die gibt es für mich gar nicht. Die existieren in keinem Bereich. Auch Gesetze, unsere Strafgesetze zum Beispiel, sind ja dynamisch, es ist alles dynamisch, und so sehe ich auch die übrige Natur. Für mich sind bestehende Gesetze immer eine Herausforderung. Wenn ich irgendwo höre, das ist jetzt so und so, da ist bei mir immer irgendwo noch Skepsis. Ich denke dann, damit kann man mal arbeiten, aber vielleicht ist es doch ganz anders. Das ist bei mir immer da. Aber so was darf man einem Kollegen nicht sagen. Da kriegt man gleich eine übergebraten. Das passiert mir auch sehr oft. Ich liebe es auch, mit solchen Regeln zu spielen, die sind für mich nicht so todernst. Aber das darf man in der Gemeinschaft der Physiker nicht. Da gibt es einige wenige, die das alles spielerisch sehen. Aber die sind sehr in der Minderheit, und die haben, glaube ich, auch öfters Probleme mit ihrem Umfeld.

Schaffelhuber: Was bedeutet für Sie Spaß bei der Arbeit? Kommt über Spielen der Spaß?

Binnig: Ja, ich glaub', das ist es, das ist eben der Gegenpol. Der Gegenpol zu Zucht und Ordnung. Das ist für mich ein Greuel. Zucht und Ordnung, das ist das, wenn man sich ganz diszipliniert an vorgegebene Regeln hält – das gelingt mir nie. Weil ich selbst mit den Regeln, nicht nur innerhalb der Regeln, gern spiele, was zum Beispiel beim Fußball ja der Fall ist. Da hat man bestimmte

Regeln, und innerhalb dieser Regeln kann man doch sehr viele Varianten durchspielen. Aber ich würde immer dazu neigen, auch mit den Regeln zuspielen: Wenn ich ein professioneller Fußballer wäre, würde ich auch immer diskutieren, sollten wir nicht die Regeln ändern? Jetzt im Moment ändern, weil ich finde, momentan ist Fußballspielen so angelegt, daß es gar nicht so sehr die Kreativität fördert, sondern daß eher die Leute, die sehr diszipliniert spielen, Weltmeister werden können. Das war wirklich nicht genial in Italien, vielleicht am Anfang ein paar Spiele, aber die entscheidenden Spiele waren gar nicht genial. Und trotzdem kann man Weltmeister werden. Das ist für mich ein Hinweis dafür, daß man die Regeln ändern muß, daß man das Spiel so machen muß, daß eigentlich der Geniale gewinnen soll und nicht der, der Zucht und Ordnung am besten beherrscht. Und so würde ich immer auch mit den Regeln spielen, mit allem. Immer noch einen anderen Weg zu finden, vielleicht einen besseren.

Schaffelhuber: Immer mehr die Genialität zulassen, und nicht nur die Disziplin, weil das ja doch vielleicht nur ein Teil ist? Nur ein erlernbarer oder kontrollierbarer Weg, der für uns, für die ganze Welt, vielleicht gar nicht so erfolgversprechend ist?

Binnig: Ja, das ist dann wieder mehr in Richtung ganzheitliches Denken, wo alles irgendwo eingebettet ist in einen größeren Rahmen.

Schaffelhuber: Das heißt also, Sie würden wirklich die Spielregeln bei bestehenden Sportarten auch in die Richtung ändern, daß die Welt über Sport wieder mehr ganzheitlich denken lernt, kreativer spielen und arbeiten kann?

Binnig: Genau. Alle Regeln ändern sich momentan. Und daher sollte sich auch bei den Regeln des normalen Sports ein bißchen was ändern.

Schaffelhuber: Herr Binnig, vielen Dank für das Gespräch.

Spaßeshalber

»Man kann z. B. das Straßennetz sich anschauen, das habe ich einmal gemacht, spaßeshalber, und habe nur die Autobahnen aufgemalt und bin denen auf der Landkarte nachgefahren. Dann habe ich dasselbe für die Bundesstraßen und dann für das feine Straßennetz gemacht. Anschließend habe ich Bundes- und Landstraßen jeweils so vergrößert, daß die Abstände der Kreuzungen etwa gleichweit voneinander entfernt lagen wie beim Autobahnnetz. Wenn ich Ihnen das dann vorlege, sagen Sie mir, welches von den dreien ist das Autobahnnetz, welches ist das lokale und welches ist das Bundesstraßennetz? Das können Sie mir nicht sagen. Das erkennen Sie nicht. Auf der feinen Skala und auf der groben Skala finden ähnliche Dinge statt. Es gibt ein paar ganz winzige Dinge, an denen man Unterschiede erkennen kann. Aber nur, wenn man es weiß, auf den ersten Blick sehen Sie es nicht. Man denkt doch, ein Autobahnnetz, das ist gerade, und das lokale Netz ist sehr gewunden. Das ist nicht so. Das denkt man nur so. Wenn man es auf die gleiche Skala bringt, sieht man, daß es gar nicht so ist.«

Gerd Binnig

Die innere Stimme

Selbstgespräche: Es gibt in jedem Menschen einen, der spricht, und einen, der zuhört. Das, was ständig Kommentare von sich gibt, ist die »innere Stimme«. Diese Stimme ist zu jeder Tages- und Nachtzeit dabei, sie ist oft hilfreich, oft nutzlos, oft Freund und oft Feind. Die innere Stimme ist das Sprachrohr unserer Gedanken.

Die Stimme als Störung

Die meisten kennen die innere Stimme als Zweifler, der sie ständig warnt, zurückhält und in die Schranken weist. Diesen unaufhörlichen »Besserwisser« und »Kontrolleur« nennen wir im INNER COACHING »Quatschie«: Ständig quatscht er uns hinein.

Der Besserwisser

Im Sport beschäftigt sich dieser »Quatschie« sehr häufig mit unserem Verhalten. Das ständige Korrigieren und Verbessern durch die Lehrer hat so viele innere Anweisungen aufgebaut, daß die Stimme ausreichend Nahrung für störende »Zwischenrufe« besitzt. Schüler werden im normalen Unterricht durch die Lehrer mit ihren feststehenden Regeln ja regelrecht trainiert, während der Aktion korrigierend zu denken und ihr Handeln danach auszurichten.

> Das Denken ist genau das, was dich hinterrücks gefangennimmt. Das Wichtigste ist, daß es mir gelingt, meinen Geist zu entleeren. Ich versuche einfach, mich von allem freizumachen, meinen Körper zu entspannen und meinen eigenen Atemrhythmus zu finden. Ich nehme auf, was es aufzunehmen gilt, und reagiere einfach.
>
> *O. J. Simpson*

Im Tennis kann das heißen: »Geh' in die Knie, hol' früher aus, schau den Ball an und stell dich seitlich.« Natürlich wird die innere Stimme so schnell zum Quatschie, zum »inneren Oberlehrer«, der die Regeln ständig wiederholt und kontrolliert, ob alles »korrekt« zugeht.
Im Golf gibt es fast noch mehr Gelegenheiten, den »inneren Lehrer« zu füttern. Das Golfspiel ist mit so vielen »Weisheiten« und »How-to-do-it«-Regeln vollgestopft, daß man aus dem Vergleichen zwischen den »Regeln« und der »Performance« gar nicht mehr herauskommt. Man schlägt ab und Quatschie erzählt einem sofort, was man falsch gemacht hat. Er ist durch die vielen Trainerstunden zum automatischen Sprachrohr der unzähligen Golflehrer-Überzeugungen geworden. Man hat dadurch kaum die Möglichkeit, aus dem Kreislauf von Korrektur, schlechtem Gefühl und Selbstzweifeln auszusteigen. Die innere Diskussion über die Fehler wird dann erst durch den Abschlag des Partners unterbrochen. Nur mit Mühe kann Quatschie auch jetzt seine »Informier- und Korrektur-Lust« unterdrücken, die leise innere Stimme wird laut und zur äußeren: Jetzt gibt sie auch noch dem Partner Korrekturanweisungen und gutgemeinte Ratschläge. Ständig werden die »Besserwissereien« in einer Art von »Hobby-Coaching« den Mitspielern aufgedrückt. Damit kann das ganze Spiel zerstört werden.

Technik gleich Erfolg?

Durch einen Unterricht, der auf Regeln und Korrigieren aufgebaut ist, kann natürlich die Bewegungs-Technik in gewisser Weise verbessert werden. Gleichzeitig wird aber auch die innere Stimme permanent mit Informationen gefüttert und kann so zum professionellen Besserwisser und damit zum Störenfried ausgebaut werden. Sie »lernt« so viel, wird so aufgebläht mit Wissen über richtig und falsch, daß sie nicht mehr zur Ruhe gebracht werden kann: Die gelernte Technik kann im Wettkampf nicht mehr »ungestört«, ohne zu denken, angewendet werden – der Erfolg bleibt aus.

Der Kontrolleur

Neben dem Besserwissen kann uns die innere Stimme auch durch übertriebene Kontrolle behindern. Sie sagt uns bei vielen Gelegenheiten »Paß auf!«, »Mach bloß keinen Fehler!« »Sei vorsichtig!«. Manchmal sind diese Warnungen durchaus sinnvoll, meistens bremsen sie uns aber nur und hindern uns an der Ausschöpfung unseres Potentials. Im Golf sagt uns solch ein Quatschie: »Schlag bloß nicht in den Wald!« Er könnte auch sagen: »Spiel den Ball einfach mitten auf's Fairway.« Er warnt uns: »Vorsicht, Bunker!«. Er könnte auch sagen: »Noch 55 Meter bis Mitte Grün.« Er droht: »Wenn du jetzt nochmal ins Wasser spielst, ist dein letzter Ball weg!« Er könnte auch das Wasser gar nicht als »Gefahr« wahrnehmen und sagen: »Nimm Eisen 5 und spiel auf die rechte Fairway-Seite.«

»Stell Dich gerade hin!«

> »Eines Tages fing beim Putten ein Gedanke an, mein Bewußtsein zu erobern: ›Du hast Dich nicht gerade hingestellt, nimm eine neue Position ein.‹ Ich trat dann zurück und versuchte, mich noch einmal in einem besseren Winkel aufzustellen. Doch der Gedanke blieb. Er kam immer wieder. Schließlich sogar, wenn ich die langen Schläge anvisierte. Ich probierte immer wieder neue Fußstellungen aus, pendelte endlos mit dem Schläger hin und her – so lange, bis die Grünzonen und die Fairways ausschauten wie kubistische Zeichnungen.«
>
> *Michael Murphy, in »Golf und Psyche«*

Im Tennis ist dieser Quatschie ebenfalls aktiv. Er sagt: »Vorsicht, auf keinen Fall ins Aus schlagen!«, anstatt: »Spiel ganz ruhig ins Feld.« Er warnt vor dem Aufschlag des Gegners, könnte aber auch die Aufmerksamkeit auf den Ball lenken. Er droht die Niederlage an, anstatt zu sagen: »Auf geht's, bleib dran!«

Vertrauen und Loslassen

Solange die innere Stimme als Quatschie, also als Kontrolleur oder als Besserwisser agiert, hört sie nie auf, zu kommentieren. Gibt sie uns aber eine positive, funktionierende Grundeinstellung mit auf den Weg, kommt sie leichter zur Ruhe. Sie läßt dann mehr zu und gibt Vertrauen. Sie lenkt in die Richtung, wohin ich wirklich will, und zeigt nicht die tausend Wege auf, die ich nicht will und auf denen ich mich verirren kann. Sie macht frei, läßt die Kontrolle los und versetzt in die Lage, intuitiv, entspannt und vielleicht sogar mit Lust zu handeln. Aus diesem vertrauensvollen Loslassen entstehen oft lockere, humorvolle Sichtweisen, die zu manchmal ganz unerwarteten Ergebnissen führen.

Schlüsselsätze

Die innere Stimme arbeitet viel über Schlüsselsätze, die im Laufe eines Lebens angesammelt wurden und die die Einstellung dokumentieren. Sätze wie »Das schaffe ich nicht« oder »Das ist mir eh' egal« sind solche typischen Schlüsselsätze. Über INNER COACHING lernt man, diese Sätze zu erkennen und, wenn gewünscht, über Bord zu werfen. Neue Überzeugungen und Einstellungen können entstehen. Die Stimme verändert sich. Sie steht nicht mehr als Barriere vor Ihrem Erfolg – zum Beispiel durch ewige Kritik, Kontrolle oder Analyse –, sondern als Instrument, das Ihre Absichten unterstützt, das neue Ziele und Wege finden hilft.

Die innere Stimme als Zweifler:

- Ob's reicht?
- Daß das so geht, glaub' ich nicht.
- Irgendwas mach' ich falsch!
- Ich hab' halt kein Talent.

Die innere Stimme als Kontrolleur:	– Sei um Gottes willen vorsichtig. – Ob das gutgeht? – Nicht zuviel riskieren!
Die innere Stimme als Künstler:	– Geh' raus aus dir! – Schau, was kommt! – Einfach genial!
Die innere Stimme als Sieger:	– Konzentrier' dich, dann schaffst du's! – Probleme sind dazu da, gelöst zu werden. – Glaub' an dich!
Die innere Stimme als Halbstarker:	– Wo ich bin, ist oben. Wenn ich unten bin, ist unten oben. – Das schaff' ich mit links! – Kein Problem!!!
Die innere Stimme als Verlierer:	– Das schaff ich nie! – Das geht wie immer daneben. – Das ist der Anfang vom Ende! – Ich seh's schon kommen.
Die innere Stimme als Stresser:	– Keine Zeit, tut mir leid. – Schnell, schnell!
Die innere Stimme als Bürokrat:	– Das haben wir schon immer so gemacht. – Das haben wir noch nie so gemacht. – Da könnte ja jeder kommen! – Was für eine Schnapsidee!

INNER COACHING heißt, die innere Stimme zu nutzen

Es hat sich herausgestellt, daß Weltklassesportler meist eine andere innere Stimme entwickelt haben als Durchschnitts-Sportler, erfolgreiche Menschen eine andere als weniger erfolgreiche. Die innere Stimme sollte auf keinen Fall diejenige sein, die bestimmt – sie kann im besten Fall ihr Partner sein, der aber keine Kontrolle, keinerlei Entscheidungsgewalt über das Geschehen hat. Sie sollte nur dazu dienen, Ihnen Ihren Zustand mitzuteilen – als Sprachrohr Ihrer Einstellung.

Ziemlich früh ... so mit vierzehn, fünfzehn ... habe ich angefangen, mich beim Denken zu beobachten. Vieles ist mir dadurch klarer geworden. Ich glaube, ohne das hätte ich gewisse Grenzen nie überschreiten können.

Gerd Binnig

Dazu müssen Sie die innere Stimme zunächst erkennen – das Bewußtsein über sich selbst verbessern: Viele Menschen bemerken ihre Selbstgespräche überhaupt nicht, genausowenig wie sie sich ihrer Einstellung bewußt sind. Erst »entlarvt«, kann Quatschie zum sinnvollen Partner trainiert werden. Er kann abgelenkt, zur Ruhe gebracht (Konzentration bedeutet grundsätzlich wenig Selbstgespräche) oder neu programmiert werden. Zum Beispiel durch neue Schlüsselsätze.
Im INNER COACHING wird versucht, durch gezieltes Fragen Selbstgespräche bewußt zu machen. Auf dem Tennisplatz, dem Golfkurs und auf Seminaren werden Übungen angeboten, die den Teilnehmern helfen, sich zu erkennen und sich selbst zuhören zu lernen. So können Tennis- oder Golf-Schläge unbeeinflußt durch Quatschie durchgeführt werden, die Analyse wird zu einem positiven Zwiegespräch zum richtigen Zeitpunkt.

Sport als Weg

Im Sport kann man Fehler machen, kann ausprobieren, kann ständig seine Grenzen verschieben. In diesem Zusammenhang können innere Dialoge ideal beobachtet werden – wenn, wie im INNER-COACHING-Training, kein Erfolgsdruck da ist. Man kann erfahren, wie die Verknüpfung zwischen Innen und Außen funktioniert, und so schrittweise lernen, sinnvoll mit sich selbst zu reden und umzugehen. Im Sport gibt es ein Wechselspiel von Aktion und Pause: Das gibt Gelegenheit und Raum, in sich hineinzuhören. Dazu kommt, daß es im Sport bereits erfahrene Coaches gibt, die das Selbst-Coaching lernen helfen. Mit Konzentrationsübungen macht es der Coach möglich, den Zustand von »gedankenlosem« Handeln zu erfahren – die innere Stimme schweigt.

Wir stellen das endlose Geschwätz in unseren Köpfen ab und werden innerlich ruhig.

Alan Watts, Theologe

Einstellung / Programmierung

Die Einstellung bestimmt entscheidend das Verhalten. Über die Ziele im Leben und die Wege zu diesen Zielen: Was will ich und wie will ich dorthin? Das gilt für große Ziele, die von Grundeinstellungen geprägt sind – »erfolgreich sein« oder »sich weiterentwickeln« –, ebenso wie für kleinere wie »das Match gewinnen« oder »den Vertrag abschließen«. Seine Einstellung, seine Selbstprogrammierung zu verändern heißt, neue Ziele und damit auch neue Wege zu den Zielen zu finden.

Offenheit

Die Voraussetzung für Einstellungsänderungen ist, daß man seine Einstellung erkennen will und die Bereitschaft da ist, sie zu verändern.

Nur mit Offenheit hat man die Chance,
die Dinge immer wieder anders zu sehen.

Diese Offenheit für neue Sichtweisen
ist eine Grundeinstellung:
die elementare Lust, sich weiterzuentwickeln.

Einstellungsebenen

Es gibt verschiedene Ebenen der Einstellung: Die fundamentale Lebenseinstellung (zum Beispiel: »erfolgreich sein«), die für einen gewissen Zeitraum eingenommene Haltung« (»diszipliniert sein«), die Tages-Programmierung (heute offensiv spielen/

[ver]handeln) und die Einstellung auf ein ganz konkretes Ereignis wie den Abschlag im Golf (»bleib ruhig und gelassen«), den Aufschlag im Tennis (»sei gefühlvoll, plaziere«) oder das Auftreten beim Vorstellungsgespräch (»sei entspannt und ehrlich«).

Die Siegerhaltung

Der Coach eines Weltklassesportlers hat die Aufgabe, mit seinem Schützling die grundsätzliche Einstellung zu klären, mit der er in den Wettkampf geht: »Du bist stark, du wirst dein Bestes geben, bleib' souverän und entspannt«. Diese Einstellung gilt es, tief in sich zu versenken, zu programmieren – je tiefer, desto stabiler wird sie sein. Gleichzeitig werden strategische und taktische Kurzzeit-Programmierungen entwickelt: »Sei aggressiv und offensiv, nutze jede Chance zum Netzangriff!« Entscheidend ist, daß alle diese Programme klar und gefestigt sind, bevor man in die entscheidende Situation kommt: So wird die Haltung zur Siegerhaltung.

Vom »Verlierer« zum »Sieger«
Während eines Manager-Seminars in Deutschland hatte ich ein faszinierendes Erlebnis. Wir machten Tauziehen, sieben gegen sieben. Team A zog Team B mit Leichtigkeit auf seine Seite. Nach der dritten Niederlage begann ich das Verliererteam zu coachen. Wir stellten uns im Kreis auf und begannen uns zu fragen, ob und wie wir das andere Team schlagen könnten. Nach einer kurzen, von Zweifeln beherrschten Gedankenpause kamen die ersten Antworten. Wir einigten uns auf eine gemeinsame Einstellung: »Aus den Oberschenkeln heraus, mit allem was wir haben, ziehen wir das Team A zu uns herüber.« Diese Sieger-Haltung bestärkten wir mit einem gewaltigen Urschrei. Beide Teams stellten sich auf, und »meine« Leute zogen, als ginge es um ihr Leben. Nach circa 30 Sekunden war Team A geschlagen, Team B war überglücklich. Meine Mannschaft war ab diesem Moment »bärenstark« und in den nächsten Wochen vollkommen neu motiviert.

Eine feste Programmierung hilft, ein Ziel zu erreichen. Vor dem ersten Ziehen hatte das »schwächere« Team überhaupt keine gemeinsame Einstellung. Nach der ersten Niederlage gab es eine: »Keine Chance!« Nach dem Coaching aber war dieses »Verlierer-Programm« gelöscht, ein völlig neues wurde gespeichert: »Aus den Oberschenkeln heraus ...«

Die Bild-Programmierung

Viele Weltklassesportler verwenden die Bild-Programmierung, um sich auf eine Aktion vorzubereiten.

Ich spiele den Putt erst, wenn ich vor meinem geistigen Auge sehen kann, wie der Ball ins Loch fällt.

Jack Nicklaus, Golfprofi

Auch Skirennläufer stellen sich exakt den Weg durch die Stangen vor, bevor sie an den Start gehen, schaffen sich ein inneres Bild von ihrem Rennen. Sie schließen die Augen und fahren die Strecke vor dem inneren Auge in Originalgeschwindigkeit mehrmals ab. Spezielle Problemstellen werden so bereits vorher erfolgreich durchfahren. Mit dieser Programmierung gelingt es dann anschließend, die eigentliche Aktion automatisch, ohne Störung, »wie von selbst« ablaufen zu lassen.

Beim INNER-COACHING-Training wird die Fähigkeit, Bilder zu programmieren, geübt und ausgenutzt. Mit Video-Aufnahmen zeigen wir unseren Schülern, wie ihre Aktionen aussehen. Dabei wählen wir allerdings aus: Wir zeigen ihnen nur ihren besten Schlag, die perfekte Ausführung. Dieses Bild wird dann öfters wiederholt, bis die Selbstprogrammierung eines »Ideal-Bildes« erreicht ist. Immer mehr Kunden finden Gefallen an dieser Art zu lernen und interessieren sich auch für unsere »Motivations-Kassetten«. Dort werden »ideale« Video-Bilder der Kunden aneinandergereiht und mit ihrer Lieblingsmusik unterlegt. Zu Hause kann diese Kassette mehrmals und in

entspannter Atmosphäre angesehen werden – das Bild verfestigt sich mehr und mehr und kann nachher auf dem Platz tatsächlich umgesetzt werden.
Auf Manager-Seminaren nützen wir die Programmierung, um persönliche Ziele in der inneren Vorstellungswelt zu verfestigen. Wer sich ein eigenes Haus wünscht, stellt sich dieses möglichst konkret und plastisch so lange vor, bis er sich selbst im Garten sitzen sieht. Wer Karriere machen will, schafft sich zum Beispiel dieses innere Bild: großes Chefbüro mit Vorzimmer und Sekretärin. Wer sein Lebensziel in der Familie sieht, stellt sich angenehme Bilder in diesem Zusammenhang vor: abends am Kamin, Grillfest im Garten, Kinder plantschen im Pool. Diese Visionen helfen tatsächlich, Ziele mit noch größerer Klarheit und Energie zu verfolgen.

Wort-Programmierung

Neben der Programmierung über Bilder kann man seine Ziele und Einstellungen auch über Schlüsselsätze speichern und verfestigen.

Schlüsselsätze in der Socke
Jimmy Connors, jahrelang einer der weltbesten Tennisspieler, versuchte als junger Spieler, seine Sieger-Einstellung und -Strategie auf recht ungewöhnliche Weise zu programmieren. Er schrieb sich Schlüsselsätze auf einen Zettel und steckte diesen in seine Tennis-Socke. Beim Seitenwechsel konnte er so jedesmal überprüfen, ob er auf dem richtigen Weg war.

Man kann versuchen, zu einer Situation ein bestimmtes Wort oder einen bestimmten Satz zu suchen. Beim Golf kann das dazu dienen, nach dem Gang zum nächsten Schlag wieder die Konzentration und die konkrete Absicht zu finden – Programm: »Eisen sechs, hundertvierzig Meter, langsam schwingen.« Auch im Büro können Wort-Programmierungen helfen, einige Absichten klarer zu gestalten und dadurch bewußter und erfolgreicher zum Ziel zu kommen.

- »Heute werde ich Zeit für meine Mitarbeiter haben.«
- »Wie kann ich mehr Freude in meine Arbeit bringen?«
- »Heute werde ich alles Liegengelassene aufarbeiten.«
- »Wie werde ich meine Ideen übersichtlicher ordnen.«
- »Für welche Ziele habe ich keine konkreten Pläne?«

Sport als Weg

Im Sport kann man verschiedene Einstellungen und Programmierungen ausprobieren. Wenn man an vermeintliche Grenzen stößt, kann Coaching dazu führen, durch eine geänderte Einstellung zu sich selbst diese Grenzen zu überwinden. Es ist dabei wichtig, Programmierungen auf jeder Ebene nicht nur der Situation, sondern auch der Persönlichkeit und dem Charakter des Handelnden anzupassen. Ein Sport-Coach kann dabei helfen: Er gibt nicht die Richtung vor, sondern hilft zunächst, die eigene Haltung zu einer Sache oder Situation zu finden, und unterstützt anschließend, eine neue Haltung umzusetzen. Auf dieser Grundlage können nun selbst in »Streßsituationen« variable, kreative Entscheidungen getroffen werden.
Man kann diesen Vorgang mit der Programmierung eines Computers vergleichen: Die Grundeinstellung wird auf der Festplatte gespeichert und so gut gesichert, daß sie kaum zu löschen ist. Die variablen Programmierungen und Fähigkeiten, bis hin zu strategischen oder sogar taktischen Fragen, sind auf dem Arbeitsspeicher frei verfügbar und flexibel einsetzbar.
Im Sport lernt man darüber hinaus den direkten Bezug zwischen Geist (Einstellung) und Körper (Aktion). Man lernt, wie stark die äußere Handlung von der inneren Einstellung abhängt und wie kleine Veränderungen im Inneren große Wirkungen im Äußeren hervorrufen.

Lebenseinstellung: »Ein bißchen mehr ...«

> *Man muß nur ein bißchen mehr machen als der Durchschnitt, dann kommen die Resultate ganz von allein.*
>
> *René Jäggi, adidas-Vorstandsvorsitzender*

Ich habe auch Angst davor, mich zu blamieren, hab' auch Angst davor, Fehler zu machen. Dies alles, vielleicht nur ein bißchen weniger.

Gerd Binnig

Ich bin auch nur ein Mensch. Im Grunde sind wir alle ungefähr gleich. Das ist natürlich eine große Hilfe, zu wissen, wir sind ungefähr alle gleich.

Reinhold Messner, Bergsteiger

Kreativität und Spontanität

Neues schaffen, neue Lösungen finden: Das ist Kreativität. Dazu gehört: Neues zulassen, geschehen lassen, Regeln loslassen, ausprobieren, Ängste und Zweifel ignorieren, Vertrauen in sich selbst und seine Fähigkeiten entwickeln. Kreativität läßt sich nicht erzwingen, sie läßt sich nicht produzieren. Man kann sich aber in einen Zustand versetzen, wo sie entstehen kann – in den Zustand der entspannten Konzentration. Kreativität und Spontanität hängen deshalb eng zusammen. Sie entspringen beide dieser Quelle. Spontan sein bedeutet, ohne Angst, vollkommen in der Gegenwart und praktisch ohne Überlegung etwas zu tun oder zu sagen – oft etwas Kreatives.

Regeln loslassen

In fast allen Bereichen unseres Lebens bestimmen Regeln unseren Alltag. Wahrscheinlich ist das ein Grund dafür, daß Kreativität heutzutage nicht allzuviel zählt. Regeln geben »Sicherheit« und dadurch eine vermeintliche Geborgenheit, neue Dinge verunsichern oft. Regeln machen die Welt übersichtlich, geben Verhaltensweisen vor und erleichtern so das »funktionieren«.

Ohne Fleiß kein Preis ...

»Der Faule hat eher kreative Begabung. Damals in Stanford bin ich tageweise gar nicht an die Uni gegangen, sondern habe mich in mein Appartement gelegt und nichts getan. Übrigens mit einem richtig schlechten Gewissen. Ich kam mir unheimlich faul vor und dachte, du verplemperst deine Zeit, es passiert ja gar nichts. Wenn ich mir das Jahr aber heute anschaue, war es eines der kreativsten meines Lebens.«

Gerd Binnig in »Forbes«
über die Erfindung des Tunnelmikroskops

Die Abhängigkeit von Regeln bedeutet gleichzeitig aber auch Starrheit, Uniformierung, Stillstand. Natürlich sind sie oft notwendig und sinnvoll, wer sich aber weiterentwickeln will, muß in der Lage sein, sie gegebenenfalls loszulassen. Boris Becker zum Beispiel hat eine Aufschlag-Technik entwickelt, die auf kreative Weise gegen alle Regeln verstößt. Die Experten, besonders die Tennislehrer, faßten sich an den Kopf, als sie Becker mit dem Vorhandgriff aufschlagen sahen – das galt (zu jener Zeit) als völlig falsch. Auf instinktive Weise spürte Becker aber, daß ihn genau diese Technik zum Ziel bringen würde. Er setzte sich durch und hatte Erfolg. Sein nach den »Regeln« »falscher« Aufschlag machte ihn mit siebzehn Jahren zum jüngsten Wimbledonsieger in der über hundertjährigen Geschichte dieses ältesten und wichtigsten Tennisturniers der Welt.

Experimente ...

Lassen Sie sich nicht von rigorosen Tennislehrer-Regeln beeinflussen. Entdecken Sie lieber Ihre individuellen Fähigkeiten, haben Sie keine Angst davor, mit allem herumzuexperimentieren, das Ihrem Spiel zugute kommt.

Björn Borg, fünffacher Wimbledonsieger

Wie problematisch es oft ist, sich ausschließlich nach Regeln zu richten, zeigt auch die Tatsache, daß sie sich ständig ändern. Was heute noch als unumstößlich gilt, wird morgen womöglich schon ganz anders gemacht. Das gilt, ganz offensichtlich, für Gesetze, die ständig geändert werden, ebenso aber auch für unser tägliches Zusammenleben. Natürlich muß man nicht »regellos« sein, um kreativ handeln oder denken zu können. Aber die Fähigkeit, genau diejenige Regel loszulassen, die vor einer kreativen Lösung steht, ist die Grundvoraussetzung für das Erschaffen von Neuem.

Keine Angst vor Fehlern

Die Angst vor Fehlern rührt aus ihrer grundlegenden Bewertung – Fehler haben ein schlechtes »Image«. Dabei ist ein Fehler keineswegs ein nicht wiedergutzumachendes Unglück, sondern oft auch ein Schritt auf dem Weg zu einer Lösung. Den meisten ist der Zusammenhang »Man lernt aus Fehlern« bekannt, doch die wenigsten haben den Mut, dies auch im Alltag umzusetzen. Das liegt natürlich auch daran, daß Fehler in vielen Bereichen des Lebens schwer bestraft werden – allerdings meist nicht von der Wirklichkeit, sondern von Vorgesetzten und Lehrern. Natürlich gibt es Bereiche, wo exaktes, regelrechtes Handeln manchmal notwendig ist: Ein Arzt zum Beispiel sollte »fehlerfrei« operieren. Doch selbst in Situationen, wo eher Kreativität als das immer »richtige«, lehrbuch-gerechte Verhalten gefragt ist, wird der Spielraum unnötig eingeschränkt: In den meisten Berufen geht es eben nicht immer um Leben oder Tod, nicht immer bedeutet ein »Fehler« eine Katastrophe – mehr Lockerheit wäre möglich. Ganz im Gegenteil: Nur wer frei ausprobiert, kann auf kreative Lösungen kommen. Wer aber ausprobiert, muß zwangsläufig auch ungünstige Wege gehen – sogenannte Fehler machen –, um herauszufinden, welches der günstige ist.

Respektlos ...
Es ist keine Kunst, geistreich zu sein, wenn man vor nichts Respekt hat.
Johann Wolfgang von Goethe

In den »klassischen« kreativen Berufen wird die Unsinnigkeit der Fehler-Fixierung ganz offensichtlich: Ein kreativer Maler kann kein »falsches« Bild malen. Wenn er es als Umsetzung seiner persönlichen Welt erschafft, kann es ihm im schlimmsten (besten) Fall passieren, daß er etwas völlig Neues kreiert. Die Fälle in der Kunstgeschichte sind fast unzählig, wo Neues als falsch, als »Fehler« kritisiert wurde. Aus solch einem »Fehler« in den Augen der Mehrheit wurde dann oft, im Lauf der Zeit, ein bahnbrechendes Meisterwerk. Natürlich beschreibt diese Darstellung einen Idealfall. Aber um wirklich etwas Neues zu schaffen, muß sich gerade ein Künstler immer wieder auf neue Richtungen einlassen, »sich gehen lassen« und dabei den Mut zum Scheitern aufbringen. Dieses Scheitern kann im ersten Moment schmerzvoll sein, mit einer kreativen Sichtweise aber immer zum Gewinn umgemünzt werden. Kreativität bedeutet das Loslassen von »Muß-Vorstellungen« und das Akzeptieren von »Kann-Perspektiven«.

Tradition ...
An jeder Kreuzung in die Zukunft stehen 100 000 Menschen, die die Tradition bewahren wollen. Beachte die 100 000 nicht, gehe Deinen Weg.
Altes chinesisches Sprichwort

Ohne Zensor zur Spontanität

Zur Kreativität gehört die Spontanität: etwas ohne Nachdenken tun, sagen, denken – aus sich selbst schöpfen –, ohne Überlegen reagieren, Wechselwirkungen ausnutzen (Beispiel Brainstorming). Thomas Gottschalk (»Wetten daß...?«) zum Beispiel beherrscht sicherlich die Fähigkeit der spontanen verbalen Reaktion – Schlagfertigkeit – auf besondere Weise. Er erreicht dies durch konzentriertes Zuhören, kreatives Assoziieren und ein Fließenlassen der Gedanken (und gleichzeitig der Sprache) ohne Überprüfung: Sein innerer Zensor ist ausgeschaltet. Viel Überraschendes, Treffendes und Witziges kann entstehen – selbstverständlich ist dann auch Platz für »Unsinn«.
Dieser Zensor ist einer der Hauptfeinde der Spontanität und damit der Kreativität. Er benutzt die innere Stimme als Sprachrohr. Ständig fragt er zweifelnd, wo es hingehen könnte, ob etwas richtig oder falsch ist, ständig bombardiert er das Bewußtsein mit Wertungen, Regeln und Mustern – er wirkt wie ein Filter, der oft das Beste nicht durchkommen läßt.

INNER COACHING und Kreativität

Ein wesentliches Element im INNER COACHING ist die Freiheit – die Freiheit, alles zuzulassen. Der Coach gibt nichts vor, er schafft Räume zur Entwicklung. Er versucht, aus der Beobachtung heraus Fragen zu stellen. Er gibt damit seinem Partner die Chance, Veränderungen mitzubekommen und selbst auf etwas Interessantes zu stoßen. Aus diesem Spiel von Frage und Antwort, von Suchen und Finden, entstehen oft unerwartete, aber effektive und vor allem hundertprozentig zur Person passende Lösungen. Man wird selbst zum Erfinder und Entdecker und kann das auf diese Weise »Gelernte« tief in sich versenken. Kommunikation ist also ein ganz wesentlicher Faktor, der Kreativität hervorbringt und verstärkt. Der spontane Austausch im Gespräch und die damit verbundenen »Geistesblitze« führen zu neuen Einsichten: über das eigene Spiel und damit verknüpfte persönliche Grenzen. Grenzen, denen man im Sport wie im Leben gegenübersteht. Eine Verkrampfung vor dem zweiten Aufschlag wird als beispielhaft für viele persönliche Situationen erkannt: als Angst vor entscheidenden Momenten, wenn es wichtig wird, wenn es zählt.

Sport als Weg

Tatsächlich ist der Sport ein herrliches Medium, Kreativität und Spontanität auszuprobieren und zu fördern. Leider wird diese Chance oft vertan. Gewissenhafte, übergenaue und allwissende Lehrer bauen um die Schüler ein Netz von Regeln, Zwängen und Fehlern auf. Oft wird bestraft: Mit Korrekturen, mit schlechtem Gewissen – »Du kannst das nicht« –, mit Sanktionen und leider sogar mit Ironie. Dabei ist es so einfach, Training angstfrei und kreativ zu gestalten. Loslassen, ausprobieren, lachen über »Fehler«, finden von originellen Lösungen und und und.
Neues entdecken kann unheimlichen Spaß machen.

Spaß
– führt zur Entkrampfung und Entspannung;
– öffnet die Schleusen der Kreativität;
– legt das persönliche Potential frei und
ermöglicht so ganz neue Leistungen.

Dieses freie Entdecken im Sport kann jeder nützen. Wer im Sport gelernt hat, kreativ zu sein, wird auch außerhalb des Spielfeldes mehr Mut aufbringen, Ungewöhnliches auszuprobieren, Neues zu schaffen und neue Lösungen zu finden.

Dummheit ...

> *Kreative Leistungen erfordern auch ein gewisses Maß an Dummheit im Sinne eines Verzichts auf Informationen. Wer sich mit zuviel Wissen verstopft, kann zwar Vorhandenes sehr gut verstehen, aber kaum noch Neues schaffen.*
>
> *Gerd Binnig in »Forbes«*

Wissen ist Macht.
Ich weiß nichts – macht nichts!
(Ein Dummkopf?)

Interview mit Beate Wedekind, Chefredakteurin

Interview mit Beate Wedekind, Chefredakteurin (»ELLE«, »Elle Decoration«, »Ambiente«, Organisation »Bambi-Verleihung«)

Schaffelhuber: Frau Wedekind, erzählen Sie uns zunächst etwas über Ihren sportlichen Werdegang.

Wedekind: Ich hatte eine sehr sportliche Familie: Mein Vater war Handballer, meine Mutter Speerwerferin. Deshalb sind wir Kinder, wir waren drei zu Hause, von unseren Eltern in den Sport getrieben worden – kann man fast schon sagen. Ich hatte mich auf Kurzstrecken und Handball-Weitwurf spezialisiert. Ich war allerdings weder schnell, noch konnte ich weit werfen. Ich probierte auch noch Weitsprung aus und war eigentlich ständig auf der Suche nach einer Sportart, wo ich gut war. Ich wollte eben nicht nur einfach Sport machen, ich wollte auch Sieger sein. In der Leichtathletik war das echt tödlich – ich war einfach nicht gut genug. Ich kam dann in einen Ruderclub und wurde dort zuerst einmal Steuerfrau – ich war so eine kleine, drahtige, mit zwölf, dreizehn Jahren. Wir waren damals auf allen großen Regatten – im Frauen-Vierer –, und ich saß da und spornte meine Kolleginnen an. Später hab' ich dann aber selber angefangen zu rudern. Zwei Jahre war ich aktiv und sehr erfolgreich, merkte aber, daß das meine körperlichen Kapazitäten buchstäblich bis zum Erbrechen ausschöpfte – das war mir dann doch zuviel. Als ich das bemerkte, war ich Ende sechzehn, verließ die Schule und begann, berufstätig zu werden. Und mit dem Tag, wo ich anfing zu arbeiten, hatte ich den Sport abgehakt. Wenn ich mich heute so daran zurückerinnere, war das ziemlich dramatisch damals: Ich kam von einer starken Körperlichkeit in eine »Kopf-Situation« – ich fing als Bankkauffrau an – und bekam es nicht auf die Reihe, bei diesem neuen Leben, diesem Beruf, wo auch zum Teil schon Verantwortung damit verbunden war, trotzdem Sport weiterzumachen. Deshalb habe ich von meinem siebzehnten Lebensjahr bis zu meinem neununddreißigsten, also über zwanzig Jahre, praktisch keinen Sport gemacht – nur geschwommen, auch nur im Urlaub, oder sehr selten Jogging mit einer Freundin. Dennoch habe ich diesen »Ruderkörper« immer behalten, bin immer muskulös geblieben. Als ich jetzt anfing, Tennis zu spielen, kam die ganze Muskulatur sehr schnell wieder, das bißchen Fett verschwand. Die ganzen zweiundzwanzig Jahre hatte ich ein schlechtes Köpergefühl, immer habe ich mich nur auf meinen Kopf konzentriert – meine ganze Leistung kam immer nur aus dem Kopf. Mit einem Körper, der gut mitkam, weil er ja auch noch jung war, aber immer mit diesem schlechten Gefühl im Bauch: »Du tust nicht genug für deinen Körper.« De facto hab' ich gar nichts getan – Tiefgarage, ins Auto gesetzt, nächste Tiefgarage, Aufzug. Als meine Berufstätigkeit dann in Richtung Karriere ging – ich behaupte ja immer »von nichts kommt nichts«: Wer also erfolgreich ist, der arbeitet schon sehr viel mehr und intensiver als andere –, da merkte ich, daß diese intensive Kopfarbeit den Körper wahnsinnig auspowert. Vor der »Karriere« war das nicht so: Auch da hab' ich mit viel Energie gearbeitet, aber nicht so, wie ich jetzt in den letzten Jahren beansprucht worden bin. Als ich dann zu Ihnen in die Tennisschule kam, war ich körperlich eigentlich ein Wrack. Ich hatte das Gefühl, wenn ich jetzt nicht anfange, etwas auf meinen Körper zu achten, dann wird's gefährlich. Ich war damals neununddreißig Jahre alt: Man weiß ja, daß Frauen da genauso herzinfarktgefährdet sind, und ich habe eine Herzinfarkt-Historie in der Familie – mein Vater ist am vierten Herzinfarkt gestorben. Mir war klar: Jetzt wird es Zeit. Zur Zeit, nach einer Zeit mit wirklich regelmäßigem Tennis, bin ich nun mit meinem Körper ganz gut im reinen – ich hab' auch die fünf, sechs Kilo abgenommen und nie wieder zugenommen, auch wenn ich im Moment wieder kaum zum Sport komme. Das ist also meine Sportgeschichte, und ich beobachte bei mir in der Redaktion – ich arbeite ja mit sehr vielen Frauen zusammen –, daß die, die Sport treiben, von der ganzen Ausstrahlung her, von der Energie, die sie in den Job oder ins Zusammenleben einbringen, einfach viel positiver sind. Ich sehe da einen ganz engen Zusammenhang: Wenn man mit seinem Körper im reinen ist, wenn man ihn auch anstrengt und aufbaut, hat man einfach eine ganz andere Motivation als andere, die mit ihrem Körper nicht im reinen sind, die immer einen zusätzlichen Push brauchen.

Schaffelhuber: Sie haben also zweimal eine gewisse Einseitigkeit durchgemacht: Zunächst die Konzentration nur auf den Körper, wo Sie gemerkt haben, das geht nicht, das bringt mich um, und dann kam die andere Seite, eben nur der Geist. Und jetzt haben Sie gemerkt, wie es ist, bei Körper und Geist so eine Mischung herzustellen.

Wedekind: Ich habe die Balance kennengelernt und bin wirklich gierig darauf, die Balance zu vervollkommnen. Was ich nicht im Griff habe, ist der Zeitfaktor. Es ist ja nicht so, daß ich keine Lust auf den Sport habe, sondern daß ich es schlicht zeitlich nicht auf die Reihe kriege. Aber ich weiß, daß es zeitlich auf die Reihe zu kriegen ist. Weil ich andere kenne, die in noch einer schwierigeren Position stehen wie ich, und die schaffen es auch. Ich weiß also, wohin das gehen muß: Ich muß mehr delegieren, muß mir einfach am Tag meine zwei, drei Stunden Zeit schaffen, die ich dann für mich, für den Sport und den Körper benutzen kann.

Schaffelhuber: Wenn Ihre Mitarbeiter Zeitprobleme haben, was machen Sie dann? Coachen Sie sie dann?

Wedekind: Mittlerweile wohl ein bißchen. Aber ich bin da immer noch ziemlich rücksichtslos. Wenn einer ein Zeitproblem hat, zum Beispiel eben ein Text nicht pünktlich fertig wird, dann werde ich eher ungeduldig und erkenne nicht, daß ich mich ja selbst in einer ähnlichen Situation befinde, und helfe noch nicht genug. Coachen ist für mich auch so eine Art Hilfestellung: Wie wirtst du mit einer Situation besser fertig? Das habe ich noch nicht so gut drauf. Aber ich erkenne die Situation zumindest schon.

Schaffelhuber: In Ihrem Team arbeiten Sie mit sehr vielen

Frauen zusammen. Was glauben Sie, sind die Stärken von Frauen?

Wedekind: Im Team ist die Stärke von Frauen einfach die, daß sie sich einander viel besser kennen als Männer untereinander. Dieses Frau sein: vom Temperament, vom Gefühl her. Frauen arbeiten einfach intensiver miteinander, weil sie in der anderen viel mehr von sich selber erkennen, als Männer dies tun. Deshalb verstehen wir uns untereinander sehr gut – nach anfänglichen Schwierigkeiten, weil keiner von uns bisher in einer so großen Frauengruppe gearbeitet hat. Wir sind sechsunddreißig Frauen, das ist ja schon eine gewaltige Gruppe, und es sind nur vier Männer dabei. Alle haben eigentlich immer sehr gerne mit Frauen gearbeitet, aber diese Ausschließlichkeit waren wir alle nicht gewohnt. Aber mittlerweile ist es ein intrigenfreier, wirklich ganz fröhlicher Haufen von Frauen, die zusammenarbeiten, und die sehr viel mehr aus dem Bauch heraus arbeiten als aus dem Kopf heraus. Was ich generell an Frauen besser finde, auch auf der Management-Ebene: Frauen, die in der Hierarchie oben sind, sind mehr als Männer in der Lage, sich einer Sache ganz zu widmen. Frauen betrachten die Tätigkeit, die sie gerade haben, mehr als eine Art Aufgabe, also ganz positiv, und widmen sich der voll und ganz. Auch mit dem Gefühl, und das findet man bei Männern eben relativ selten. Auch auf der Ebene, wo ich mich jetzt befinde, also als Chefredakteurin. Ich behaupte jetzt nicht, daß meine männlichen Kollegen ihren Job nicht gut machen, aber da sind immer so Irritationen, die ich bei Frauen auf lange Sicht nicht sehe: daß man zum Beispiel einen größeren Dienstwagen braucht – das ist für eine Frau völlig unwichtig. Oder daß im Büro ein maßgefertigter Schreibtisch stehen muß – für eine Frau absolut unwichtig. Männer brauchen einfach mehr Bestätigung in ihrem Status als Frauen. Das liegt vielleicht aber auch daran, daß Frauen – also ich persönlich nicht, ich hab' meine Karriere nie als einen Kampf empfunden, das hat sich alles sehr gut ergeben –, daß Frauen also, wenn sie irgendwo oben angekommen sind, von der Gesellschaft das Gefühl gegeben wird, das wäre sowieso schon etwas ganz besonderes, daß sie sowieso schon eine Sonderstellung erreicht haben: Also braucht man sich gar nicht mehr nach außen zu profilieren.

Schaffelhuber: Sie meinen also, Frauen verschwenden weniger Energie auf Dinge, die letztlich für das Ziel völlig unwichtig sind?

Wedekind: Das ist genau der Punkt. Ich glaube, daß Frauen viel gerader auf das Ziel zusteuern, auch klarer sind in der Formulierung ihres Zieles. Ich werde zum Beispiel, wo ich jetzt Chefredakteurin bin, von vielen Männern gefragt: »Was willst Du denn jetzt noch werden?« Ich sag' dann immer, daß ich jetzt eine gute Chefredakteurin sein will, daß das, was ich mache, Erfolg hat. Die nächste Stufe wäre etwas, was ich von der Arbeit her gar nicht so interessant fände – Herausgeber, mich auf einen Direktorposten zurückzuziehen. Ich beobachte das auch an anderen Frauen: Die sehen in der Qualität der Arbeit viel eher das Ziel verwirklicht als in der Position, die diese Arbeit mit sich bringt.

Schaffelhuber: Das heißt also letztlich: mehr Konzentration auf das, was gerade tatsächlich passiert, mit Spaß an der Arbeit, und nicht das Vorausdenken an die Karriereleiter, die Zukunft, die Gehaltsstufen und so weiter...

Wedekind: Das kommt dann sowieso alles von selber.

Schaffelhuber: Was fällt Ihnen besonders auf, wenn Sie in Konferenzen sind, mit Ihren Kolleginnen und Kollegen? Gibt es auch da Unterschiede? Wie zeigen Sie sich in einer Konferenz?

Wedekind: Zunächst hör' ich mir schon fast alles an. Ich bin nicht die erste, die etwas sagt, und auch nicht diejenige, die jetzt zu allem was sagen muß. Ich höre schon sehr gut zu und auch lange. Dann gibt es bei mir den Moment, wo ich merke, daß keiner auf den Punkt kommt: Dann schreite ich ein. Oft auch mit so einer clownesken Haltung, daß ich sage: »Also meine Herren, jetzt hab' ich mir das die ganze Zeit durch den Kopf gehen lassen, aber einen wichtigen Punkt haben wir noch gar nicht besprochen«, und dann bring ich den. Mittlerweile nehmen die das schon ernst. Ich versuche schon, zu analysieren, was denen

wichtig ist, was die auf den Tisch bringen, und gebe dann meines noch darauf, oder unterstütze das, was ich gehört habe, oder versuche nachzufragen, wenn ich irgend etwas nicht verstanden habe. Ich habe selten erlebt, daß Männer nachfragen, wenn sie etwas nicht verstehen. Die fragen vielleicht hinterher, rufen dann an, aber in der Konferenz selber seltener.
Mittlerweile, wo ich in einer Position bin, die denen der Männer ebenbürtig ist, akzeptieren sie mich auch. Aber es gab Situationen, wo ich schon in die Konferenzen hereinkam, aber noch nicht diese Stufe in der Hierarchie erreicht hatte – wenn der Chef das einfach wollte, daß ich meinen Senf dazugebe –, dann war das immer so in der Art: »Ach ja, jetzt kommt die Wedekind...« Aber seitdem ich auf dieser Stufe offiziell stehe, werde ich ernster genommen. Das finde ich schon einen Negativpunkt für die Männer: Sie sollten eigentlich mehr auf die Meinungen hören. Viele Männer nehmen Frauen erst dann wahr, wenn sie eine gewisse Position erreicht haben, und nicht, wenn sie Leistung bringen.

Schaffelhuber: Das leuchtet mir ein. Es gibt ja so dieses Männerbild: Männer trauen sich oft nicht, nachzufragen, zu hinterfragen, weil sie sonst als dumm dastehen könnten – sie müssen ja eigentlich immer allwissend sein, sonst verlieren sie ja ihren Status –, die Frau hat dagegen nichts zu verlieren, kann dadurch Fragen stellen, die ungewöhnlich sind, und lernt auf die Art und Weise natürlich schneller. Halten Sie sich selbst für kreativer als Männer, für spontaner?

Wedekind: Ich bin bestimmt spontaner. Ich bin verdammt schnell, sehr schnell im Denken, und auch sehr schnell im Umsetzen. Deswegen treffe ich viele Entscheidungen »on the spot«, also auch manchmal vorschnell. Spontanität hat ja auch den Nachteil, daß unter Umständen ein Gedanke mehr besser gewesen wäre. Ob ich kreativer bin, weiß ich gar nicht genau. Aber ich weiß, daß ich mehr Dinge in meine Kreativität einfließen lasse, als manche vergleichbare Männer das tun. Ich gehe mit ganz offenen Augen durch die Weltgeschichte und würde auch die unkonventionellsten Sachen anpacken. Auch Dinge, die mit den Objekten, mit denen ich im Moment zu tun habe, wie »ELLE«, »Ambiente«, »ELLE Decoration« oder »Bambi«, auf den ersten Augenschein wenig zu tun haben, traue ich mich. Auf jeden Fall traue ich mich, sie anzudenken, und bei den meisten Sachen traue ich mich, sie umzusetzen. Da denke ich eben, daß Männer sich in ihrer Kreativität in einem etwas engeren Raster bewegen als Frauen. Ich kann da aber immer nur von mir sprechen. Mein Kästchen ist kein Kästchen, mein Kästchen ist die Welt. Ich habe nichts, was mich einengt. Das liegt aber auch daran, und deshalb tue ich da den Männern und auch den berufstätigen Frauen, die Familie haben, sicher etwas Unrecht: Ich bin nicht nur eine Frau, ich bin auch noch eine unabhängige Frau – ich habe keine Familie, keine Verpfichtungen außer mir selber gegenüber. Das macht mich auf der einen Seite verfügbar: Ich habe einfach mehr Zeit zur Verfügung. Ich sehe durchaus, daß viele Männer im Management verheiratet sind, Kinder haben, Verantwortung für die Familie, für ein Haus, für Schulden und für was nicht alles. Vielleicht sind sie deswegen etwas enger in ihrem Raster.

Schaffelhuber: Wenn ich Ihnen so zuhöre, kann ich feststellen: Sie haben relativ wenig Angst, sie können relativ angstfrei handeln.

Wedekind: Ich bin es geworden. Früher hatte ich Chuzpe. Das heißt, ich habe etwas gewagt. Aber immer mit dem Gefühl »Hoffentlich ist es nicht zuviel...« Als ich zum Beispiel ins Ausland gegangen bin, ohne mich genau zu vergewissern, was ich da eigentlich für einen Job machen würde: Da war ich nicht angstfrei, da war ich einfach nur mutig. Diese wirklich positive Angstfreiheit ist eigentlich erst gekommen, seitdem ich Macht ausüben kann. Das ist eine ganz komische Sache: Seitdem ich in der Position bin, Dinge wirklich selber zu bestimmen und die Verantwortung für diese Dinge auch selber zu tragen, ist die Angst weg. Ich bin immer noch kein Unternehmer, aber für wichtige Dinge bin ich nur noch einer Person verantwortlich, das ist mein Verleger. Seitdem ich also das Gefühl habe, daß ich das, was ich anpacke, auch ins Rollen bringen kann, daß ich diejenige bin, die das bewegt, ob ins Positive oder Negative, seitdem habe ich keine Angst mehr. Das, was mich vorher immer noch etwas beängstigt hat, war also, daß zu viele Dinge, auf die ich keinen Einfluß hatte, mitbestimmend waren. Statt Macht würde ich das aber lieber Einfluß nennen. Je mehr Einfluß ich hatte, desto mehr Angst ist gewichen.

Schaffelhuber: Was würden Sie jungen, aufstrebenden Frauen raten, die ins Berufsleben gehen?

Wedekind: Sich um Gottes Himmels willen nur ja nicht mit achtzehn für einen Beruf zu entscheiden. Ich selbst habe kein Abitur, das war für mich immer ein Problem, aber eher ein psychisches. Trotzdem würde ich raten, die Bildungsstrukturen, also die offiziellen, zu erfüllen: Also Abitur machen! Aber dann: Studieren, Lehre, Sprachen lernen – allerdings nur das, woran man in dem Moment wirklich Spaß hat. Also nicht irgendwelche vorgegebenen Wege, sondern erstmal etwas tun, wo man nur Spaß dran hat. Aber was auch den Horizont erweitert – also ich würde immer erst eine Sprache lernen. Und dann würde ich den Beruf, der einem gefällt, richtig lernen, auslernen. Also entweder eine Schule fertig machen oder eine Lehre. Das müßte aber schon das Zweite sein: Das Erste, was ein junger Mensch machen sollte, sollte nicht der Beruf sein, den er irgendwann einmal wirklich ergreift. Darauf wird sich dann alles weitere aufbauen. Keiner sollte die Scheu davor haben – auch mit neunundzwanzig, wie das bei mir war –, noch mal ganz von vorne anzufangen. Man sollte nicht aus Angst vor Veränderungen keine Veränderungen herbeiführen. Sobald man das Gefühl hat »bis hierher und nicht weiter«, muß eine Veränderung kommen. Dann kann ich fast eine Garantie darauf geben, daß man mit dreißig wirklich weiß, was man will, und nicht erst mit fünfunddreißig merkt »Um Gottes willen, wo steh' ich denn?« Flexibel sein ist für mich das Wichtigste, und deshalb finde ich auch den Beruf Journalismus so toll: Neugier haben und diese Neugier ausleben. Nicht jeder kann Journalist werden, aber ich glaube, daß dieses lernen wollen und wissen wollen und erfahren wollen das ganze Leben bleiben sollte. Deshalb finde ich den

Hubert Burda so gut, der heute immer noch sagt, daß er jeden Tag lernt. Die andere Mentalität ist eben, und das sind die Erfolglosen, daß man meint, man ist angekommen, zu einem Zeitpunkt, wo man noch überhaupt nicht angekommen ist, und meint, zu wissen, wo im Prinzip nur Bodenwissen da ist. Dieses so tun, als ob man fertig wäre – um Gottes willen, ja nie im Leben.

Schaffelhuber: Frau Wedekind, herzlichen Dank für das Gespräch.

Selbstbewußtsein

Im INNER COACHING wird davon ausgegangen, daß durch ein gesteigertes Selbstbewußsein eine freiere Entfaltung der Persönlichkeit möglich ist – eine Erweiterung der vielfältigen inneren Fähigkeiten. Das Selbstbewußtsein ist trainierbar. Die meisten INNER-COACHING-Übungen verfolgen das Ziel, den Schüler konzentriert erleben zu lassen, was mit ihm selbst geschieht, ihnentdecken zu lassen, was in ihm – und um ihn herum – vorgeht. Man erkennt, daß Störungen das sportliche Vorwärtskommen behindern: Verspannungen, Ängste, Konzentrationsschwankungen. Es liegt auf der Hand, daß diese Störungen aus der gleichen Quelle, aus demselben Nährboden stammen wie die inneren Hemmnisse im Alltag oder im Beruf. Wer also in der Lage ist, seine Empfindungen und Reaktionen im Sport zu entschlüsseln, wird die gewonnenen Einsichten sehr leicht in sein sonstiges Leben übertragen können.
Wer seine Verkrampfung vor dem zweiten Aufschlag überwindet, kann bei Vorstellungsgesprächen seine Verkrampfung besiegen. Wer bei einem Netzangriff des Gegners nicht in Panik gerät, kann auch geschäftliche Attacken ruhiger und überlegter parieren. Wer bei einem entscheidenden Putt am 18. Loch loslassen kann, so daß dieser seine extreme Wichtigkeit verliert, der kann auch bei einer entscheidenden Transaktion locker und gelöst bleiben.

Was heißt Selbstbewußtsein?

Im allgemeinen Sprachgebrauch wird das Wort Selbstbewußtsein oft im Sinne von »sich stark fühlen« gebraucht, ganz besonders in der Sport-Berichterstattung. Offensichtlich findet dabei eine Verwechslung statt: Man spricht von Selbstbewußtsein und meint in Wirklichkeit Selbstvertrauen – das Vertrauen in die eigenen Fähigkeiten, in sich selbst. Im INNER COACHING kommen wir auf die ursprüngliche Bedeutung des Wortes zurück: Selbst-bewußt-sein, sich seiner selbst bewußt sein.

Das bedeutet:
- sich selbst entdecken,
- die eigenen Stärken und Schwächen kennenlernen,
- sich klar werden über persönliche Zielsetzungen,
- die Reaktionen von Körper und Geist bewußt erleben.

Selbstbewußtsein in Sport und Beruf

Im Sport ist es unbedingt notwendig, über sich und seinen Körper Bescheid zu wissen. Ein Weltklasse-Athlet spürt sofort, ob sein linker Finger verkrampft oder sein Zwerchfell verspannt ist, er bemerkt augenblicklich, wenn er nervös wird. Selbstbewußtsein bedeutet für den Spitzensportler, daß er sich genau kennt. In jeder Situation ist er sich bewußt, was in ihm vorgeht, was er macht und wie er es anders machen könnte. Das Training seines Selbstbewußtseins hat ihn in die Lage versetzt,
- in kritischen Situationen konzentriert und entspannt zu sein,
- bei Nervosität ins Hier und Jetzt zurückzukehren,
- bei aufkommenden Selbstzweifeln loszulassen,
- bei Verkrampfungen mit Hilfe der Atmung locker zu werden,
- bei zu starkem »Wollen« wieder die Freude am Spiel zurückzugewinnen.

Wenn ein so selbstbewußter Tennisspieler beim Stand von 6:2, 4:2 beginnt, hektisch zu werden, weil er den Sieg so greifbar nahe sieht, bekommt er diese aufkommende Störung sofort mit und hat dadurch die Möglichkeit, wieder auszusteigen – indem er sich wieder zurück in die Gegenwart begibt.
Exakt die gleichen Mechanismen führen natürlich auch im Geschäftsleben zum Erfolg. Durch frühzeitiges Erkennen von

möglicherweise störenden Zuständen – Verspannungen, Nervosität, Unruhe und Ähnlichem – und ihrer Bewältigung mit den gleichen Mitteln wie im Sport.

Das gesteigerte eigene Selbstbewußtsein hilft aber auch, seine Mitmenschen besser einzuschätzen, deren Stärken und Schwächen, Eigenheiten und Marotten. Wer mit sich sensibler umgeht, verbessert also gleichzeitig sein »Feeling« für seine Umgebung, also seine Menschenkenntnis.

Paralyse durch Analyse

Das Erkennen ist schon der erste Schritt der Bewältigung. Man muß dabei aber aufpassen, daß man nicht in den Strudel »Paralyse durch Analyse« hineingerät. Zu viel ist nichts. Natürlich muß man das »Erspürte«, das »Erkannte« gedanklich bearbeiten. Was bremst, ja paralysiert, ist die ständige Diskussion im Inneren, das Sich-in-Frage-Stellen, vor allem zum falschen Zeitpunkt. Analyse in Pausen, Erleben im Handeln – diese Unterscheidung gilt auch für das Selbstbewußtsein.

Ehrlichkeit statt Ausflüchte

Selbstbewußt sein heißt, ehrlich zu sich selbst zu sein. Man sieht sich selbst nicht ständig als Opfer irgendwelcher widriger Umstände – im Tennis: Pech, rutschiger Boden, Wind, Sonne, schlechte Besaitung; im Golf: nasser Handschuh, störende Mitspieler, Pech, unglückliche Lagen, drängelnder Flite; im Beruf: Zeitnot, unfähige Mitarbeiter, Hektik am Arbeitsplatz, kaputter Computer, Pech.
Durch Ehrlichkeit lernt man, aus der Opferrolle in die Macherrolle zu schlüpfen: durch Klarheit über sich selbst, durch Verzicht auf Ausreden, durch Annehmen der Verantwortung anstatt Abschieben. Man verläßt sich nicht mehr auf Glück, Pech oder andere unbeeinflußbare Widrigkeiten, sondern nimmt sein Schicksal selbst-bewußt in die Hand.

Objektiv sind Sie gerade in den Baum gefahren mit dem Auto. Nicht der Baum in Sie hinein.

Niki Lauda

Sich selbst erkennen

Es gibt die verschiedensten Persönlichkeiten. Den Aggressiven, die Raffinierte, den Ungestümen, den Defensiven, die Draufgängerin, den Abwartenden, die Spontane, den Kraftvollen, die Gefühlvolle, den Angreifer usw.
Wahrscheinlich gibt es Tausende von verschiedenen Charakteren, die sich wieder aus vielen verschiedenen Eigenschaften zusammensetzen. Um ein klares persönliches Bild von sich zu bekommen, müssen Sie sich zunächst Ihrer Eigenschaften bewußt werden.
Bitte nehmen Sie einen Stift und kreuzen Sie alle Attribute an, von denen Sie glauben, daß sie auf Sie zutreffen:

offensiv □
groß □
eckig □
ausschweifend □
voller Selbstvertrauen □
mittelgroß □
ausgeglichen □
undiszipliniert □
schnell unkonzentriert □
ohne Selbstvertrauen □
mürrisch □
gefühlvoll □
spontan □
fließende Bewegungen □
materialistisch □
zielorientiert □
motiviert □
konzentriert □

entspannt □
gutes Auge □
diszipliniert □
leicht enttäuscht □
schnelle Reaktion □
schlank □
leicht ärgerlich □
verspielt □
selbstbewußt □
schnell verspannt □
spaßig □
kräftig □
mutig □
geradlinig □
ängstlich □
kreativ □
unausgeglichen □
defensiv □

klein ☐
ehrgeizig ☐
skrupellos ☐
aggressiv ☐
ziellos ☐
voller Energie ☐
wuchtig ☐
geistesgegenwärtig ☐
ökonomisch ☐
fortschrittlich ☐
anpassungsfähig ☐
eigenbrötlerisch ☐
ängstlich ☐
fröhlich ☐
frei ☐
korrekt ☐
berechnend ☐
nachtragend ☐
sensibel ☐
langsame Reaktion ☐
raffiniert ☐
energisch ☐
trickreich ☐
gleichmäßig ☐
durchtrainiert ☐
willensstark ☐
flexibel ☐
kommunikativ ☐
scheu ☐
ernährungsbewußt ☐
verklemmt ☐
pünktlich ☐
ehrlich ☐

Sind Ihnen Eigenschaften aufgefallen, die Sie lieber nicht hätten?
Bitte notieren:

1. ______________________
2. ______________________
3. ______________________
4. ______________________
5. ______________________
6. ______________________
7. ______________________
8. ______________________
9. ______________________
10. ______________________

Welche Eigenschaften vermissen Sie an sich, möchten sie aber gerne haben?
Bitte notieren:

1. ______________________________

2. ______________________________

3. ______________________________

4. ______________________________

5. ______________________________

6. ______________________________

7. ______________________________

8. ______________________________

9. ______________________________

10. ______________________________

Der Mensch ist immer mehr, als er von sich weiß.
Karl Jaspers, Philosoph

INNER-COACHING-Prinzipien

Das Sein ist veränderbar

Sich üben

Vielen ist noch nicht bewußt, daß es Möglichkeiten gibt, das »Sein« zu trainieren. Im Sport trainiert man es, bewußt oder unbewußt, ununterbrochen. Man kann dadurch höhere Stufen von Konzentration, Selbstbewußtsein, Selbstvertrauen, Disziplin und Ökonomie erreichen, man kann aber auch Aggressivität, Wut, Fanatismus oder Falschheit einüben. Im Sport stecken alle Möglichkeiten der Selbstentwicklung, in jeder Richtung. Die Aufgabe des Coaches ist es, günstige Entwicklungsrichtungen zu fördern und ungünstige möglichst zu bremsen.
Fast immer kann man aus der Art und Weise, wie jemand Sport betreibt, erkennen, wie er auch im Alltagsleben »die Bälle spielt«. Aus Verhaltensweisen im Sport sind also Rückschlüsse auf das Sein außerhalb des Sports möglich. Schlägt jemand den Ball aggressiv und ungestüm, ist die Wahrscheinlichkeit sehr groß, daß er auch in anderen Situationen aggressiv und ungestüm handelt. Ist jemand auf dem Platz konzentriert und schwungvoll, ist er es auch sonst meist. Spielt jemand zögerlich und unsicher, wird sein Leben womöglich von Unschlüssigkeit und Zaudern geprägt sein.

Du spielst, wie du bist
Du bist, wie du spielst

Weltklasse als Quelle

Vor dem Hintergrund, daß man das Sein verändern, trainieren und fördern kann, ist INNER COACHING entstanden. Ich entdeckte diese Tatsache zunächst in der Zusammenarbeit mit Tennis-Weltklassespielern. Für sie ist es äußerst wichtig, in bestimmten Momenten auf eine ganz bestimmte Weise zu »sein«. Konzentriert sein in Situationen größter Anspannung. Entspannt sein, obwohl zehntausend Menschen zuschauen. Zielstrebig sein auch am Ende mehrstündiger Marathon-Matches. Es war also wichtig, diesen Fähigkeiten schon im Training besondere Beachtung zu schenken. Denn obwohl alle Weltklassespieler auf einem hohen Niveau »sind«, ist eine Steigerung möglich und sogar notwendig, um mit den ständig fortschreitenden Höchstleistungen mithalten zu können. Die Anforderungen sind inzwischen so hoch geworden, daß die absolute Weltspitze ohne gute Coaches nicht mehr auskommt. Die geforderten Spitzenleistungen, die nur durch höchste Konzentration, Entspannung, Freude am Spiel und innere Ausgeglichenheit erreicht werden können, sind ohne Hilfe kaum mehr möglich.

In meiner Tennisschule kommen immer mehr Kunden darauf, wie wichtig die Entdeckung der eigenen Persönlichkeit ist und was es heißt, von einem Coach unterstützt zu werden. Man geht nicht mehr in die Tennisschule, nur um einen besseren Aufschlag zu erlernen, sondern um sich wohlzufühlen und die Erfolgserlebnisse des inneren Fortschritts mit »nach Hause« zu nehmen.

Business-Seminare – Sport als Weg

Der Schritt in Seminare folgte bald, weil sich herausstellte, daß jeder erfolgreiche Manager ganz ähnliche Fähigkeiten benötigt wie ein Weltklassesportler – Fähigkeiten des Seins.

Tatsächlich kann man Nervosität, Versagensängste, starke Selbstzweifel und ähnliche Hindernisse durch Coaching (über Sport) in den Griff bekommen. Genauso ist es möglich, Stärken wie Konzentrationsfähigkeit, Zielstrebigkeit oder Disziplin weiter auszubauen. Auf unseren Business-Seminaren werden die Zusammenhänge zwischen Konzentration und Entspannung und der Überwindung innerer Hindernisse verdeutlicht. Ein Weg dorthin sind zum Beispiel Übungen, bei denen Teilnehmer vor der Gruppe bestimmte Aufgaben erfüllen müssen. Viele haben anfänglich Probleme mit dieser Situation, so daß oft Verkrampfungen und Konzentrationsschwankungen auftreten. Die meisten sind eben nicht gewohnt, Leistungen unter Druck, womöglich gar durch ein Publikum absichtlich gestört, zu bringen. Durch persönliches Coaching wird dann zunächst die Situation entkrampft und anschließend die Konzentration allein auf das Wesentliche gelenkt – man lernt, die Situation anders zu sehen und dadurch anders mit ihr umzugehen. Anders heißt: weg von Bewertungen, hin zur Wahrnehmung der eigentlichen Aufgabe. Solche neue Sichtweisen ermöglichen dann ein verändertes Sein:

- konzentrierter sein
- entspannter sein
- geistesgegenwärtig sein
- freier sein
- »Gewinner« sein

Für viele wird diese Selbsterkenntnis zum überraschenden Erfolgserlebnis und damit zu einer enormen Motivationsquelle. Viele Teilnehmer konnten dabei ihr Sein deutlicher und ohne Angst erleben und hatten somit die Möglichkeit, ihre Persönlichkeit neu zu überdenken und zu gestalten. Die meisten verließen die INNER-COACHING-Seminare neu motiviert, mit einer neuen Klarheit, mit einer neuen Gelassenheit. Einige konnten schon in der kurzen Seminarzeit von zwei bis drei Tagen ihr Bewußt-Sein so entwickeln, daß sie zum Beispiel ihr Handicap im Golf – und andere Handicaps – weit unterspielten.

Wer sich nicht konzentrieren kann,
kann lernen, konzentriert zu sein.
Er muß es nur wollen.
Es gibt Übungen.

Wer zögerlich ist,
kann lernen, nicht mehr zu zaudern.
Er muß es nur wollen.
Es gibt Übungen.

Wer ängstlich und schwach ist,
der kann Mut und Kraft lernen.
Er muß es nur wollen.

Wer aggressiv und ungestüm ist,
der kann ruhig werden.
Es gibt Übungen.

Wer undiszipliniert ist,
der kann Disziplin erlangen.
Es gibt Übungen.

INNER-COACHING-Übungen

Ein Ziel der INNER-COACHING-Übungen ist also das Entdecken und Erleben des Seins. Es geht darum, sich selbst einschätzen zu lernen und zu erkennen, wie man in verschiedenen Situationen denkt und reagiert. Doch die Analyse und das Erkennen des Seins ist natürlich lediglich der erste, notwendige Schritt. Auf ihn folgen weitere: die Entwicklung des Seins, das Verändern der inneren Grenzen, das Ausschöpfen des persönlichen Potentials – durch ständiges Üben.

Wer glaubt, etwas zu sein, hat aufgehört, etwas zu werden.
Philip Rosenthal, Politiker und Unternehmer

Die Ganzheit

Körper, Seele, Geist

Der Mensch ist ein Ganzes – viel mehr als die Summe seiner Teile. Jeder weiß das. Warum denken und handeln dann so wenige danach? Warum versuchen so viele immer wieder, Teile aus diesem Ganzen zu isolieren und an ihnen herumzukorrigieren? Vielleicht, weil Teile leichter überschaubar, im Gegensatz dazu ganzheitliche, vernetzte Systeme jedoch nie ganz zu verstehen sind. Dabei muß man sie gar nicht unbedingt verstehen. Man muß nur eine gesunde Einstellung zu ihnen finden und gewisse Prinzipien akzeptieren. Zum Beispiel, daß es in ganzheitlichen Systemen keine Hierarchien gibt: So befiehlt der Verstand nicht über die Gefühle, die Gefühle nicht über die Erinnerungen, der Körper nicht über den Geist.
Körper, Seele, Geist – alles hängt mit allem zusammen, jedes Teil hat ständigen Einfluß auf alle anderen.

Balance

Nur wenn das »Netz« Mensch ausbalanciert ist, wenn die zusammenhängenden Teile im Einklang miteinander sind, kann das ganze System optimal funktionieren – der Mensch erreicht die bestmögliche Ausschöpfung seines Potentials. Gleichzeitig ist diese Balance auch die Grundvoraussetzung für körperliche Gesundheit. Viele Krankheiten sind nichts anderes als der Ausdruck eines Ungleichgewichts, einer meist unbewußten Verdrängung und Unterdrückung.
Als kompliziertes Netzwerk ist der Mensch ein Abbild der Welt. Natürlich besteht auch sie aus einer engmaschigen Verflechtung, bei der alle Teile voneinander abhängen. Wird ein Teil gestört oder fällt es ganz aus, gerät das gesamte System in

Gefahr. Deshalb führen so viele Maßnahmen, die mit bester Absicht Details in der Umwelt verändern wollen, oft zu einer Verschlechterung der Gesamtsituation. Besonders deutlich wurde dies bei Entwicklungshilfe-Projekten in der Dritten Welt, wo allzuoft massiv »Symptom-Korrektur« praktiziert wurde. Inzwischen ist man dabei, die Netzstruktur, die Ganzheit der Welt zu akzeptieren und umfassendere Konzepte zu entwickeln. Überall auf der Welt beginnt man nun endlich umzudenken.

Symptom und Ursache

Trotzdem ist es auch heute noch in vielen Bereichen üblich, an Symptomen herumzukorrigieren. Ein klassisches Beispiel für diese Einstellung ist die heutige »Schulmedizin«. Dort wird nach wie vor zu oft versucht, bestimmte »Krankheiten« mit Tabletten oder Spritzen zu beseitigen. Tatsächlich aber beseitigt das nicht den Ursprung oder die Ursache. Eine Krankheit entsteht aus einem ganzen Geflecht von Bedingungen und ist meist nur das äußere Warnsignal einer inneren Veränderung. Dieser wirklichen Ursache sollte auf den Grund gegangen werden. Ein Herausschneiden und Stillegen oder, wie zum Beispiel im Tennis, ein Überspielen durch einen simplen Trick, ändert nichts an der Ursache. Das Symptom kehrt immer wieder, wenn auch oft in veränderter Form.

Ist man beim Tennisspielen ängstlich, werden die Handgelenke beim Schlag wackeln und gelegentlich kippen. Hier kann der Tip »Handgelenk fest!« in entscheidenden Momenten ganz andere, noch ungünstigere Symptome erzeugen. Nur die Bewältigung der Angst wird eine wirkliche Veränderung bewirken können.

Wenn ein Golfer die Einstellung »Ball so weit wie möglich« verinnerlicht hat, wird er oft genug den Boden anstatt den Ball treffen. Der Tip »Hüfte schneller öffnen!« wird dann auch nur kurzfristig zum Erfolg führen. Erst wenn er seine innere Einstellung verändert – zum Beispiel »ruhig und gezielt schlagen« –, wird auch sein äußeres Bild dementsprechend aussehen.

Ist ein Manager bei einer Rede unsicher, kann er vielleicht

seinen Blick nicht vom Manuskript lösen. Der Tip »Kopf hoch, Blickkontakt mit den Zuhörern!« kann selbstverständlich einen eher sicheren Eindruck vortäuschen. Aber erst wenn er es gelernt hat, in sich und seine Gedanken Vertrauen zu haben, wird sein Vortrag gelöst und gelassen sein.
Es kommt eben nicht darauf an, äußerlich nur ausgeglichen zu wirken. Im Inneren ausgeglichen zu sein, ist das Ziel. Denn das Äußere ist nur der Spiegel des Inneren. Ruhe und Ausgeglichenheit sind innere Stärken, die direkt zur äußeren Stärke führen und damit Erfolg möglich machen. Tricks »von außen« helfen oft über die eine oder andere Schwäche hinweg, während »innen« keine wirkliche Veränderung stattgefunden hat.

INNER COACHING und die Ganzheit

INNER COACHING macht die Ganzheit des Menschen zur Basis seiner Überlegungen, Methoden und Ziele. INNER COACHING selbst besteht aus einem Netz verschiedener Teile, die sich gegenseitig beeinflussen und bedingen. Versuchen Sie, dieses Netz zu spüren, und erleben Sie, wie Ihnen INNER COACHING im Tennis, im Golf, im Business oder wo auch immer zu mehr Erfolg verhelfen kann.

Interview mit Reinhold Messner, Abenteurer und Bergsteiger

Reinhold Messner ist der erste Mensch, der ohne Sauerstoffgerät den Mount Everest bestieg, alle vierzehn Achttausender der Welt bezwang und den Südpol zu Fuß überquerte.

Schaffelhuber: Was mich besonders interessiert, sind enorme Leistungen. Wie konnten Sie solche Leistungen erreichen?

Messner: Da gibt es zwei Ansätze. Einmal den rein sportlichen Abenteueransatz. Ich bin ja mehr Abenteurer als Sportler. Da geht es darum, daß ich sage, bis hierher sind bestimmte Leute gestiegen, die waren so und so gut. Ich aber habe die und die Erfahrung, und ich sage mir, das geht noch weiter. Also einfach ein bißchen höher zu gehen, sogar bis zum Gipfel des Everest. Am Rande gibt es noch die physiologische Seite: Die Mediziner hatten vorher gesagt, das ginge nicht, schon wegen des Sauerstoff-Partialdrucks in der Lunge und im Blut. Inzwischen hat man nachgerechnet und gemerkt, daß da nur ein Rechenfehler drin war. Aber die Fähigkeit, es wirklich zu tun, hängt vielleicht am meisten von der psychischen Einstellung ab: Ich muß von dieser Sache so besessen sein, daß es geht. Diese Besessenheit kann nur in einer langen Zeitspanne wachsen. Ich kann zum Beispiel nicht jedes Jahr fünfmal eine verrückte Sache machen. Das geht auch nicht von der Gefahr her, da wäre ich sicher zu schlampig oder zu unkonzentriert. Ich bin eigentlich nur sehr gut, wenn ich mich auf etwas ganz einstelle. Es ist völlig unwichtig, was ich tue. Aber ich mache es mir zum wichtigsten Ding der Welt. Wenn die völlige Identifikation nicht da ist mit dem, was ich tue, ist es nicht möglich. Und daraus erwächst mir langsam, ohne daß ich es merke, viel Energie. Und diese Energie habe ich dann später, um sie auszugeben, wenn ich hinaufsteige. Man darf nicht zuviel machen, aber auch nicht zuwenig. Ein Abenteuer ist kein Tennisspiel, ein Abenteuer ist auch gefährlich, und zwar lebensgefährlich. Wenn ich zu lange, zwei Jahre vielleicht, nichts mache, dann kriege ich Angst. Dann weiß ich nicht, kann ich das noch, habe ich die Instinkte, habe ich wirklich die Kondition? Ein gutes Abenteuer muß mindestens so lange ausgetragen werden wie ein Kind – erst dann ist es lebendig.

Schaffelhuber: Sie versuchen dann also etwas, wo andere Menschen schon längst gesagt haben: »Das geht nicht! Da sind Grenzen, das schafft man nicht, das ist sogar rechnerisch nicht möglich.« Sie sagen: »O.K., da schauen wir mal.« Das heißt, Sie sind ein Mensch, den Grenzen reizen.

Messner: Ja, ich will spielen. Diese Grenze ist auch nur eine vage Vorstellung. Es gibt meine persönliche Leistungsgrenze, die ist immer wieder anders. Und meistens hört man vor der Leistungsgrenze auf, weil man Angst kriegt. In meiner Sparte war die absolute Leistungsgrenze damals zum Beispiel Everest mit Sauerstoff. Ohne Sauerstoff, das hatte man noch nicht gemacht. Aber die absolute Leistungsgrenze ist nie greifbar, die wird sicher viel höher sein. Höher als der Everest geht es aber nicht mehr. Ich bin jetzt gerade in der ersten Phase einer mittelschweren Expedition. Oft schon versucht, aber noch nie gemacht. Und dieses Wachsen in mir entsteht während der Vorbereitung: Ich entwickle eine Logistik, ich lese die Historie, ich mach' vor Ort zumindest mal einen Test, ich studiere alles, was bei früheren Versuchen falsch gemacht wurde. Das lasse ich einfach alles weg. Das haben Leute versucht, die sind drei Wochen lang – es geht um Grönland – marschiert und mußten dann aufgeben. Dann versuche ich zu erfahren, was das für Leute sind, wo sie Fehler haben, warum sie gescheitert sind. Wenn ich diese Fehler ausschalten kann, dann kann ich das machen. Ich bin auch nur ein Mensch. Im Grunde sind wir alle ungefähr gleich. Das ist natürlich eine große Hilfe, zu wissen, wir sind alle ungefähr gleich. Und wenn ich von zwanzig Leuten die Fehler ausschalten kann, dann bin ich zwar auch noch ein Mensch, aber die Fehler mache ich alle nicht, die die gemacht haben.

Schaffelhuber: Das heißt also, Sie bereiten sich durch eine sehr gründliche Analyse vor.

Messner: Vor allem Negativanalyse. Ich frage: »Warum ist er nicht durchgekommen?« Mich interessiert nicht primär, eine Sache nachzumachen. Dann bin ich auch nicht so gut. Ich lebe ja irgendwo davon, daß ich immer wieder den Mut hatte zu sagen: »Ich mache die Sachen vor.« Das ist erstens leichter, weil dann bekomme ich das Geld dafür, damit finanziere ich meine Spiele. Und ich kriege auch mehr Energie dafür. Ich glaube, jeder Mensch kriegt eine bestimmte Menge Energie mit, wenn er geboren wird. Wir können das natürlich, mit verschiedenen Spielen, noch steigern. Aber es geht alles einmal von einer bestimmten Grundbasis aus. Mit der Energie ist es am extremsten. Mit Begeisterung kann ich Energie steigern, die Identifikationsfähigkeit ist eine Energiehilfe. Der vielleicht wichtigste Schub, das ist der Energierückfluß. Wenn ich etwas tue, was mir entspricht, etwas, was ich selber für richtig empfinde – der Mensch ist selber immer sein bester Schiedsrichter –, dann kriege ich einen großen Energierückfluß. Und dieser Energierückfluß, der hilft mir weiter.

Schaffelhuber: Sie sagen, Sie sind Ihr eigener Schiedsrichter: Hören Sie viel auf Ratgeber, oder hören Sie mehr auf Ihre innere Stimme?

Messner: Die innere Stimme ist das Wichtigste. Das zweite sind ein paar gute Freunde. Der Rest ist für mich, ich würde sagen, negativ. Ich sollte auf die Leute überhaupt nicht hören. Außer ich kann mit denen reden. In der Auseinandersetzung kann schon was wachsen. Also sofort Hin- und Rückfluß von Gedanken, von Ideen. Aber am Ende bin ich mein eigener Schiedsrichter. Ich brauche keinen Fremden.

Schaffelhuber: Ja, verstehe. Ich spüre bei Ihnen ein starkes Selbstbewußtsein.

Messner: Das Selbstbewußtsein ist eine andere Geschichte. Das Selbstverständnis ist mir viel wichtiger. Mein Selbstverständnis ist, ohne rational darüber nachzudenken, in irgendeiner Sache zu ruhen. Das kann ein Bergbauer sein, der auf seinem Hof lebt und einfach da lebt. Ich leide schon unter der Tatsache, daß ich täglich gefragt werde: »Warum machen Sie das?« Ich frage mich, wenn ich etwas machen will, überhaupt nicht mehr, warum ich es mache. Ich will das, und ich mache das. Natürlich kommen dann Leute und sagen: »Das ist ein verrückter Vogel!« Was auch immer. Das stört mich gar nicht. Das höre ich gar nicht richtig. Aber wenn ich ununterbrochen antworten muß, dann fange ich früher oder später selber an, an meinem Warum zu zweifeln. Dabei sind die Motivationen alle gleich legitim. Es gibt keine legitime und keine nicht-legitime Motivation.

Schaffelhuber: Auf Ihren Expeditionen sind Sie ja sehr lange mit sich allein. Kann man sagen, daß Sie dabei so viel Zeit haben, über sich nachzudenken, daß Sie bestehende Denkschemata außer Kraft setzen können? Daß Sie andere Lösungen finden, daß Sie kreativ sind?

Messner: Ja, wenn ich wirklich alleine bin. Wirklich allein. Auch wenn wir zu dritt sind, gehe ich allein – und wenn ich einen Partner habe, der stärker ist als ich und der läuft zwei Meter immer hinter mir her, sage ich: »Tut mir leid, du, lauf' voraus.« Ich bleibe dann fünf Minuten lang sitzen. Und dann, wenn der nicht mehr in meinem Blickfeld ist – mein »Denkfeld« ist vielleicht hundert, zweihundert Meter groß –, dann kann ich viel besser denken. Gerade beim Laufen kann ich gut denken. Monatelang allein, wo nichts ist, was mich ablenkt: Dann kann ich ganz klar denken. Aber nicht in dem Sinn, daß ich da brüte, sondern ich gehe, und das denkt von allein. Er denkt von allein, der Gedanke, und ich laß ihn denken und beobachte das von außen.

Schaffelhuber: Das heißt also, Sie sind absolut in der Lage, Ihre innere Stimme anzuhören, wie ein Band ablaufen zu lassen und dann das, was Ihnen gefällt, rauszupicken?

Messner: Richtig. Ich bin für das Gehen, nicht für das Laufen. Unser ganzes unterbewußtes »denkisches System« funktioniert nur während der Fußgängergeschwindigkeit. Wir können nicht innerhalb von einem Jahrhundert umsteigen vom Fußgänger auf den Raketenfahrer. Das können wir nicht. Im Flieger sitzen wir zum Fliegen, aber wir nehmen die Welt nicht wahr. Das ist nicht möglich. Nicht einmal im Auto nehmen wir die Welt wahr.

Schaffelhuber: Heißt das, daß alles so schnell an uns vorbeirast, daß wir Wahrnehmungen immer mehr vernachlässigen?

Messner: Die Zeit spielt mit uns. Wir sind völlig abhängig von der Zeit. Daß die Zeit eine ganz andere Größe ist, das habe ich gerade in der Antarktis erfahren. Die Zeit kann sich zu einer irrationalen Größe verändern, das heißt, sie *ist* nicht. Wenn ich nicht gut gehe, dann schaue ich eben auf die Spalten und auf das, und dann geht die Zeit fast greifbar in dem üblichen Rhythmus vorbei. Aber wenn ich einfach gehe und gehe, dann könnte ich nicht sagen, ob ich fünf Minuten oder fünf Stunden lang gehe.

Schaffelhuber: Was sagen Sie zu Werten wie »Karriere«, »Erfolg«, »Macht«?

Messner: Ich bin nicht frei von diesen Werten, aber ich finde, man müßte an ihnen herumdiskutieren. Ich bin deshalb nicht frei, weil ich in diesen Werten erzogen wurde. Mir hat man auch gesagt: »Was du machst, ist ganz lustig, aber zuerst mußt du einen Beruf haben. Je besser du Karriere machst, um so mehr kannst du auch nebenbei mit dem anderen spielen.« Dabei ist der Beruf ja nur eine Erfindung von zweihundert Jahren. Der Baum und das Tier haben keinen Beruf, und der Mensch vor fünftausend Jahren auch nicht. Der Mensch will in erster Linie leben, und leben heißt für mich nur spielen – wenn ich die Grundbedürfnisse befriedigt habe. Wenn ich im Leben Essen und Trinken kann, dann kann ich anfangen zu spielen. Und ich respektiere jeden Manager, der sagt: »Ich spiele.« Gefällt mir wahnsinnig. Haben wir fünf Milliarden Mark umgesetzt, und so und so viel Gewinn gemacht, das müssen wir eigentlich nicht, wir können das auch anders spielen. Das finde ich gut. So etwas erzähle ich ab und zu auf Vorträgen vor Wirtschaftsbossen, da bringe ich die völlig durcheinander.

Schaffelhuber: Was können »Wirtschaftsbosse« aus dem Begriff »Spiel« lernen?

Messner: Es gibt inzwischen schon junge Leute, die in der

Hinsicht sehr weit gedacht haben. Aber wenn ich mich so erinnere, was ich in den letzten zehn Jahren für Vorträge gehalten habe vor der absoluten Top-Spitze der deutschen Wirtschaft: Die habe ich einige Male so durcheinandergebracht, daß ich nie mehr eingeladen worden bin, teilweise haben Leute anschließend sogar gekündigt. Einmal, vor einer amerikanischen Firma, die einen großen Europa-Ableger hat, habe ich vor vielleicht achthundert Spitzenleuten einen Vortrag gehalten. Das ging dann so, daß anschließend Top-Leute mit oben auf der Bühne gestanden haben und zum Schluß der Europa-Chef mit mir da oben diskutiert hat. Das war ein Mann Mitte fünfzig, und der hat dann auf der Bühne zu mir gesagt, er opfere sich dieser Firma. Ich ließ ihn lange ausreden und antwortete ihm dann: »Ich habe das Gefühl, Sie sitzen an der falschen Stelle. Sie sollten sich einen anderen Job suchen.« Da war es zuerst mäuschenstill im Saal, dann hat er mich angeschaut und ich sagte: »Wenn Sie sich opfern, dann machen Sie sich kaputt. Wenn Sie das nicht mit Leib und Seele tun, dann müssen Sie was anderes tun. Es ist völlig wurscht, was Sie tun. Nur das müssen Sie mit Leib und Seele tun. Sie dürfen mir nicht kommen und sagen, Sie opfern sich.« Das diskutierten wir vielleicht eine Minute, aber dann standen die Leute am Tisch, seine eigenen Leute gegen ihn. Irgendwo hatte ich den Nerv getroffen. Die wußten das alle. Dieser Mensch hatte immer gesagt: »Ihr müßt euch aufopfern, weil ich mich opfere.« Und das ist natürlich eine völlig falsche Einstellung. Aber er ist so erzogen worden. Man hat ihm gesagt, die großen Vorbilder sind die Leute, die sich aufopfern. Wem denn, wem soll man sich aufopfern? Der Gesellschaft, der Firma? Das kann man alles mal diskutieren. Und da sag' ich: »Ja was macht sie denn? – Computer? Sind die notwendig?« Das ist eine Frage. Also dic Identifikation mit der Sache. Die zweite Frage ist die nach dem Sinn. Die meisten Menschen glauben , durch eine Religion, durch die Erziehung ist der Sinn vorgegeben. Aber den Sinn müssen wir noch finden. Das ist die göttliche Kraft, wo Menschen erkennen, daß man den Sinn erfinden kann. Ich habe vor einer großen deutschen Autofirma einen Vortrag gehalten vor zweihundert Top-Managern.

Und da hat einer aus dem Saal anschließend die Frechheit gehabt, die sehr intelligente Frechheit, mir zu sagen: »Was Sie da erzählt haben, das mag ja alles ganz lustig sein, aber so klappt's eben nicht.« Dann habe ich denen geantwortet: »Glauben Sie wirklich, daß es sinnvoller ist, Autos zu bauen, als über die Antarktis zu laufen?« Dann war im Moment totale Ruhe, aber irgendwann meinten die dann doch: »Ja.« Darauf sagte ich: »Wenn ich etwas zerlegen kann, dann hier Ihre Tätigkeit. Bei meiner werden Sie sich sehr schwertun.«

Schaffelhuber: Man merkt, Sie haben sehr viel darüber nachgedacht. Was ist jetzt für Sie der Sinn?

Messner: Ich lege den Sinn selber hinein. Ich sage: »Ich weiß schon, daß das sinnlos ist.« Aber ich gehe so weit, daß ich sage: »Ich habe es mir so planvoll gemacht, daß ich gar nicht mehr daran zweifle, daß das einen Sinn hat.« Und von außen, wenn ich mich dann selber von außen sehe, sage ich: »Ich mache da ein lustiges Spiel, aber das Spiel spiele ich.« Und da wird mich niemand bremsen. Nicht einmal mit dem Gewehr. Das geht auch bei den unwichtigen Sachen. Ob du dann eine Million damit verdienst in zwei Tagen oder nichts, ist mir völlig wurscht. Man muß sich aber damit identifizieren können.

Schaffelhuber: Dann kann man sich auch wohlfühlen.

Messner: Wir können es uns im Westen eben leisten, daß im Grunde alle so leben können. Nur haben es die meisten noch nicht geschafft.

Schaffelhuber: Coachen Sie sich selber?

Messner: Ja. Ich habe keinen Coach, ich habe nicht mal einen Manager. Ich habe keinen Manager, ich habe keinen PR-Menschen, ich habe keinen Coach, ich habe keinen Trainer. Ich habe nur eine Sekretärin, die ist die Anlaufstelle, wo das alles raus- und reingeht. Ich will meine Ruhe haben. Ich will keine Steuererklärung sehen, ich will keine Bürokratie machen, ich will keine Termine machen, sondern ich tue, was ich will. Und wenn ich keine Lust habe, am Telefon zu antworten, bin ich eine Woche lang nicht da.

Schaffelhuber: Eine andere Frage. Gab es schon einmal eine Situation, wo Sie gesagt haben: »Jetzt kann ich nicht mehr, ich schaff's nicht mehr. Es ist zu kalt, zu steil, zu schwer?«

Messner: Ja, öfters schon. Ich habe relativ viele Sachen aufgegeben. Meistens eigentlich nur, weil ich Angst hatte vor ... Angst vor der Angst. Nicht, weil ich nicht mehr weiter wußte oder weil ich zu unterkühlt war oder weil ich vielleicht nicht so gut drauf war oder was auch immer. Ich bin aber immer nur bei zweitklassigen Zielen gescheitert. Sagen wir Ziele, wo ich mir gesagt habe: »Na ja, das nehme ich auch noch mit.« In der Antarktis zu scheitern hätte für mich bedeutet, ich kann das Eiswandern lassen. Aber ich wollte das unbedingt machen. Dabei gab es in der Antarktis nur Gründe zu scheitern. Ich war nicht allein, wir waren da ziemlich gehandicapt in vieler Hinsicht. Aber das habe ich mit allen Tricks, also hauptsächlich mit psychologischen Tricks, zu Ende gebracht – weil ich auch ein erstklassiges Ziel hatte. Bei erstklassigen Zielen scheitere ich nicht so leicht.

Schaffelhuber: Letzte Frage: Daß Sie vor sehr vielen Managern sprechen oder gesprochen haben die letzten zehn Jahre, ist sehr interessant. Kann man im Sport Fähigkeiten trainieren, die man für das tägliche Leben, vielleicht auch für das Management, gebrauchen kann?

Messner: Sportler werden ja heute für's Management hergeholt. Die Manager sind leider die schlechtesten Kritiker für uns, weil die meisten noch nie einen Fuß vor das Hotel oder vor die Autotür gesetzt haben – die werden ja fast getragen – und uns natürlich bewundern. Ob das nun ein Fußballspieler, ein Tennisspieler oder ein Golfspieler oder was auch immer ist, wir haben deren ganze Bewunderung. Deswegen sind sie die unkritischsten Hörer, die ich kenne. Und wo man sie anpacken könnte, da reden die meisten von diesen Leuten nicht, weil da geht es ums Eingemachte. Einfach anpacken kann ich sie nur bei den Grundfragen der Menschheit. Grundfragen heißt: die ökologische Frage, die Bruttosozialprodukt-Steigerungs-Frage. Und da sage ich eben: Ich bin auf eurer Seite, wenn wir spielen. Aber wenn wir anfangen zu spielen, müssen wir natürlich alle globalen

Fragen mit hineinziehen. Ich kann nicht mit gutem Gewissen Bruttosozialprodukt-Steigerung spielen, wenn ich gleichzeitig etwas kaputtmache, wenn ich zum Beispiel die Luft verschmutze. Dann müssen wir das schon ausspielen und müssen fragen: »Wir sind die Crème de la crème, wir haben die Macht, die wirtschaftliche Macht, wir haben mehr Bildung als die anderen – dann haben wir auch eine größere Verantwortung.« Die sagen zum Beispiel, das Klettern und das Management ist das gleiche: Wenn sie einen Fehler machen in der Wirtschaft und ich einen Fehler mache, ist das das gleiche. Für mich ist das allerdings ein bißchen härter, weil ich falle dann ja tausend Meter runter und bin tot, und sie verlieren halt ihren Job, oder sie setzen die Firma in den Sand. Es geht um ganz andere Dinge. Mir geht es in erster Linie um die Sinngebung und um die Werteverschiebung. Wo sind die Werte hergekommen? Wo gehen die Werte hin? Da könnte man Tag und Nacht damit herumspielen. Nur das geht bei mir nicht, das will ich nicht, weil da verliere ich mit der Zeit auch die Energie. Wenn ich etwas zwanzigmal ausgedrückt habe und der dreißigste Manager mich dann fragt: »Herr Messner, wie ist das? Ich habe gehört, Sie haben bei IBM einen Vortrag gehalten und über Sinngebung so interessante Sachen gesagt.« Dann will ich mich selber nicht mehr hören. Weil beim dreißigsten Mal glaube ich nicht mehr, was ich sage. Und dann fange ich an zu zögern, zu zögern und zu zweifeln, ob das, was ich sage, wahr ist. Und wenn ich wieder lange Zeit irgendwo war und Klarheit gewonnen habe und selber über mich lächeln kann und wieder zurückkomme, dann bin ich auch sehr gut. Dann habe ich auch eine Riesenlust, die auseinanderzunehmen und mich selber auch und dann auf diesen ganzen Trümmern, die wir gebildet haben, wieder ein neues Haus zu bauen.

Schaffelhuber: Wenn ich Sie so reden höre über Klarheit, über sich selber lächeln und Energie, dann würde ich am liebsten noch zehn Stunden hier mit Ihnen sitzen. Aber ich möchte Ihre Energie auch schonen. Ich möchte mich herzlich bedanken für das Interview.

Das neue Zeit-Bewußtsein

Es gibt drei Zeitebenen: die Vergangenheit, die Gegenwart und die Zukunft. Diese Ebenen spielen in unserem Leben eine wichtigere Rolle, als die meisten bisher realisiert haben. Speziell im Sport unterscheidet oft der bewußte Umgang mit der Zeit den Erfolgreichen vom weniger Erfolgreichen. Erfolgreiche Sportler haben gelernt, Vergangenheit, Gegenwart und Zukunft zu unterscheiden und ihr Denken und Handeln jeweils zeitlich sinnvoll zu ordnen. Die weniger Erfolgreichen sehen den Unterschied nicht und sind zu oft in Vergangenheit oder Zukunft, wenn ihre Konzentration in der Gegenwart gefragt ist.

Der »Rückspiegel«

»Was habe ich gemacht, wie habe ich gedacht, wie mich verhalten?« Diese Sicht nach hinten, wozu auch die Analyse gehört, nennen wir »Rückspiegel«. In unserer Gesellschaft hat der »Rückspiegel« ein zu starkes Gewicht bekommen – man *denkt* meistens erst hinterher darüber *nach,* was man gemacht hat.
Die Festlegung auf diese »Nachher«-Denkweise beginnt schon in der Schule – wenn nicht schon viel früher. Man schreibt einen Test, hinterher wird er analysiert und bewertet. Auch im Tennis und Golf ist das »Nachkarten« eine immer noch weitverbreitete Lehrmethode. Natürlich ist die Analyse häufig sinnvoll und nützlich. Aber: In manchen Situationen ist sie – oder das Nachdenken – extrem störend. Speziell in Momenten der körperlichen Aktion (Golf, Tennis) ist ein gleichzeitig analysierender Geist hinderlich.
Diese Analyse zwingt einen aus dem Hier und Jetzt, also aus der Fähigkeit zu erleben, heraus. Das Überlegen, das Interpretieren und Werten stört das volle Erleben dessen, was gerade passiert.

Volles Erleben aber ist die Grundvoraussetzung für Höchstleistung.
Wenn man einen Tennis- oder Golf-Schlag ausführt und gleichzeitig versucht herauszufinden, ob er richtig oder falsch war, kann man weder erleben noch erkennen, was tatsächlich passiert. Die mit der detaillierten Analyse der Aktion vollbeschäftigten Gedanken behindern die Wahrnehmung durch die Sinne. Man kann nicht mehr erkennen, was passiert: wo genau der Ball hinfliegt oder wo der Gegner steht.
Wenn ein Manager zum Beispiel ein wichtiges Telefonat einer Firma aus Japan bekommt, ist es für ihn sehr wichtig, alle Informationen mitzubekommen. Schaltet er statt dessen seinen »Rückspiegel« ein und analysiert Probleme der Vergangenheit – »Was haben wir bisher mit dieser Firma gemacht?«, »Wie sehr kann ich mich auf diese Firma verlassen?« –, wird er das Gespräch nicht voll erleben können und vielleicht wesentliche Details überhören.

Zukunfts-Fixierung

Genauso, wie es leicht passiert, zu sehr in der Vergangenheit zu verharren, kann auch eine Überbetonung der Zukunft dazu führen, daß die Gegenwart regelrecht verpaßt wird. In der Zukunft liegen die Ziele, die man sich gesetzt hat, die man erreichen möchte.
Wer also in bestimmten Momenten nur im Ziel lebt, in den Vorstellungen der Zukunft, wird ebenfalls das volle Erleben nicht ausschöpfen können. Sei es der Golfspieler, der auf dem Grün des 13. Lochs schon an seinen Rekord-Score nach dem 18. denkt; sei es der Tennisspieler, der bei 6:4, 4:3 nur noch den Siegerpokal vor Augen hat; sei es aber auch der Sachbearbeiter, der ständig vom Feierabend träumt. Oder der Manager, der während einer Vertragsverhandlung schon die Champagnerkorken knallen hört. Alle können sich nicht mehr hundertprozentig auf das konzentrieren, was gerade ist.

Die INNER-COACHING-Zeitstruktur

Wer erst einmal die Existenz der drei Zeitebenen erkannt und akzeptiert hat, kann beginnen, sinnvoll mit ihnen umzugehen.

Aus der Vergangenheit lernen
Es ist natürlich notwendig, aus der Vergangenheit zu lernen. Es gilt, Erlebtes und Erfahrenes in eine neue Sichtweise einzubauen. Das heißt, neue Informationen mit den alten zu vergleichen und die nötigen Schlüsse daraus zu ziehen. Dieses Vergleichen, diese Analyse, kann also sehr wertvoll sein. Es ist aber nur eine der drei Zeit-Phasen – man muß aufpassen, daß kein Ungleichgewicht entsteht. Ständig in der Analyse zu leben würde bedeuten, wichtige Schritte zu versäumen: die Schritte in die Zukunft (Planen) und die Gegenwart (Handeln).

Die Zukunft planen
Ein weiterer, wesentlicher Schritt ist das Suchen und Finden einer klaren Absicht. Das bedeutet, daß man sich klar für seine Ziele entscheidet und sie dann auch verfolgt. Im Golf kann das so aussehen, daß man sich ein inneres Bild schafft – eine Vision – und versucht, diesem zu folgen. Es kann die Vision des Schlages sein oder die des fliegenden oder auf dem Grün rollenden Balles. Nur: Man muß von dieser Vision voll und ganz überzeugt sein und sie so realistisch wie möglich vor dem inneren Auge ablaufen lassen. Jack Nicklaus, der vielleicht beste Golfer aller Zeiten, behauptete zum Beispiel, in seinem Leben nie geputtet zu haben, bevor der Ball nicht vor seinem geistigen Auge ins Loch gefallen war.

In der Gegenwart geschehen lassen
Die wahrscheinlich am wenigsten trainierte Fähigkeit ist, sich im Moment der Aktion in der Gegenwart zu befinden. In allen INNER-COACHING-Übungen wird die Konzentration auf die Gegenwart trainiert und so das sinnvolle Umschalten zwischen Vergangenheit, Zukunft und Gegenwart geübt. Bei den traditionellen Lehrmethoden in Sport und Beruf wurde der Aspekt der Geistesgegenwart dagegen stark vernachlässigt.

INNER COACHING und die Zeit-Harmonie

Spitzensportlern ist es möglich, in Momenten des Innehaltens, bei Pausen oder anderen Unterbrechungen, zu analysieren und ihre Ziele neu zu setzen. Im Moment der Aktion kehren sie voll und ganz in die Gegenwart zurück und lassen ihren Körper sich frei entfalten.
Sie haben eine innere Harmonie der Zeitebenen entwickelt, die sie erfolgreich sein läßt. Sie haben verstanden, daß auch hier keine Hierarchie existiert: Das Nachdenken steht nicht über oder vor dem Handeln. Die Gegenwart ist nicht bedeutungsvoller als die Zukunft. Die Ziele haben nicht mehr Gewicht als die Analyse. Im INNER COACHING lernt man, die Harmonie der Zeitebenen zu erfahren. Es entstehen Räume und Gelegenheiten: genügend nachzudenken, genügend vorauszuschauen, genügend zu machen.

Zwischen zu früh und zu spät liegt immer nur der Augenblick.
Franz Werfel, Schriftsteller

Gewöhnliche Menschen denken nur daran, wie sie ihre Zeit verbringen. Ein intelligenter Mensch versucht, sie auszunutzen.
Arthur Schopenhauer, Philosoph

Der Ziel-Prozeß

Jeder Mensch verfolgt andere Ziele. Was bedeutet das für den einzelnen? In erster Linie sollte man sich über sein eigenes Selbst bewußt sein, um aus dieser Erfahrung heraus eine sinnvolle und persönliche Absicht zu finden: Ein klares Selbstbewußtsein führt zu klaren Absichten. Nur ganz selten führt es zum Erfolg, wenn man sich zu etwas überreden läßt. Erst die volle innere Überzeugung macht ein Ziel zum eigenen. Das aber ist die Voraussetzung, um wirklich beharrlich, mit allen zur Verfügung stehenden inneren Kräften dorthin zu gelangen, wohin man will.

> Wer im Leben kein Ziel hat, verläuft sich.
>
> *Abraham Lincoln*

In meinen Tennis- und Golf-Stunden erlebe ich immer wieder von neuem, daß nur sehr wenige zielorientiert trainieren. Viele Fortschritte passieren deshalb mehr durch Zufall. Sehr wenigen ist von vornherein bewußt, was sie wirklich wollen. Im Laufe meiner Tätigkeit als Coach ist mir auch meine Arbeit immer klarer geworden. Nicht das Training einer bestimmten Bewegung oder Technik ist schließlich der Inhalt des Trainings. Stattdessen versuchte ich immer öfter, meinen Schüler-Partnern ihre eigenen Ziele und Absichten bewußter zu machen und ihnen bei der Verwirklichung zu helfen. Mein Beruf veränderte sich somit immer mehr: vom Lehrer zum Coach.

Durch Fragen Ziele finden

Ein Spieler schlägt mit mir zehn, fünfzehn, zwanzig Minuten Bälle. Während dieser Zeit spüre ich, daß bei ihm kaum Klarheit besteht, was er tatsächlich machen möchte. Er läßt es einfach laufen, ohne mitzubekommen, was gerade mit ihm und um ihn herum passiert und wo es hingehen soll. Das ist ein Zustand, den ich sehr häufig beobachten kann. Selbstverständlich kann das Laufenlassen eine gewinnbringende Form des Spielens sein, aber nur dann, wenn das Laufenlassen selbst beabsichtigt wurde.

In solchen Fällen schalte ich mich ein und versuche durch sinnvolle Fragen ein zielorientiertes Training aufzubauen. Die Fragen berühren zunächst die gesamte Palette des Spiels: Beinarbeit, Wettkampftennis, Entspannung, Atmung, Ökonomie, Genauigkeit, Durchsetzungsvermögen, Wille, Kampfgeist, Gefühl, Timing usw. Wichtig ist es, eine große Bandbreite an Trainingszielen anzubieten, da man selbst nie weiß, was der Spieler nun genau machen möchte. Mit Hilfe der Befragung jedoch wird ein Prozeß eingeleitet, der eine Zielfindung und ein konzentriertes Daran-Arbeiten ermöglicht.

Schneller lernen lernen

Die meiste Zeit beim Lernen wird vergeudet, da die Ziele unklar oder unrealistisch sind. Gerade Hobby-Spieler lassen sich oft zu sehr treiben und spielen einfach drauflos. In der heutigen, sich ständig verändernden Welt ist es notwendig und von großem Vorteil, wenn man gelernt hat zu lernen. Selbst-Coaching ist der erste Schritt zum schnelleren Lernen – man hört seine eigene, innere Stimme und kann diesen Dialog nützen, um Richtungen und Ziele klarer festzulegen. Ein unbewußtes, konzentrationsloses Training in ein kraftvolles, energiegeladenes und konzentriertes umzuwandeln ist eine schöne Aufgabe für jeden. Ob nun auf dem Tennisplatz oder im Büro: Der Prozeß, ein Ziel zu suchen und zu finden, läuft ständig ab. Wie diszipliniert wir dann bei der Sache bleiben, zeigt uns letztlich der Erfolg.

Der automatische Gedanke

Ein Spieler übt auf der Driving-Ranch. Er hat eine Menge Bälle neben sich und beginnt mit einem ruhigen und lockeren

Schwung. Nach etwa zwanzig bis dreißig Bällen kann man beobachten, wie der Schwung immer schneller, die Bewegung immer kraftvoller wird. Nach weiteren zehn Bällen beginnt der Spieler, die Bälle zu quetschen und zu verziehen.

Was ist passiert? Die Ursache liegt vielleicht in einem Phänomen, das speziell bei Männern häufig zu beobachten ist: die Lust, möglichst weit zu schlagen. Woher dieser »Weitschlag-Drang« kommt, ist im Moment nicht von Bedeutung. Viel wichtiger ist die Tatsache, daß er sich unbewußt aufdrängt – als »automatischer Gedanke«, der die Regie übernimmt. In diesem Fall ist es der Gedanke »weit schlagen«.
Der automatische Gedanke kommt immer genau in dem Moment, wo die klare Zielsetzung in Vergessenheit gerät. Nur wer sich vollkommen klar ist, was er wirklich will, wird bei seiner Grundabsicht bleiben können. Leider läßt man sich aber sehr schnell von äußeren Dingen ablenken. Kaum bemerken wir zum Beispiel Publikum, beginnen wir unser Verhalten zu ändern: Wir schalten um auf eine Form von »Imponiergehabe«, die uns dazu treibt, diese »sensationell weiten« Abschläge zu versuchen. Der automatische Gedanke hat meist ungünstige Folgen: Verlust des eigentlichen Zieles, Zerstörung der Wahrnehmungsfähigkeit, Mißerfolg.

Business-Fragen
Wie viele Tage arbeitet man, ohne sich wirklich klar zu sein,
- wohin man will oder in welcher Zeit man etwas Bestimmtes erreichen möchte?
- wann das eine und wann das andere erledigt werden sollte?
- mit welcher Technik man am besten zum Ziel kommt, ob man ökonomisch ist oder nicht?
- ob man sinnvoll und konzentriert eine Lösung sucht oder ob man einfach nur »möglichst weite Bälle schlägt«?
- ob man sich oder anderen nur irgend etwas beweisen will, irgend jemand »imponieren« will?

Vom »Unrealistischen« zum Realistischen

In den beiden Worten »realistisch« und »unrealistisch« liegen Gefahren, die man kennen sollte. Was heißt schon realistisch? Ist es realistisch, Abteilungsleiter zu werden? Ist es realistisch, vierzehn Achttausender ohne Sauerstoff zu besteigen? Ist es realistisch, immer Bürobote zu bleiben, oder ist es vielleicht möglich, in den nächsten fünf Jahren deutlich aufzusteigen? Die Ziele, die zu erreichen sind, werden von jedem selbst gesteckt. Was also heute »unrealistisch« ist, kann morgen schon realistisch sein. Was heute unerreichbar erscheint, kann morgen erreichbar sein. Die Vorstellungskraft und die innere Bereitschaft sind ausschlaggebend für das Setzen und Erreichen von Zielen. Sagen Sie niemals nie. Ich selbst habe immer wieder erlebt, daß Menschen Ziele erreichen können, die ihnen vorher als unvorstellbar erschienen. In den INNER-COACHING-Stunden und -Seminaren gelingt das sehr häufig. Durch Coaching wird »Unvorstellbares« vorstellbar, Unrealistisches realistisch.

Zu hohe und zu niedrige Ziele

Man sollte erkennen, wann Ziele zu hoch und wann sie zu niedrig sind – dazwischen liegen die »passenden Ziele«. Im Golf bedeutet ein zu hohes Ziel zum Beispiel: sich als Handicap-32-Spieler vor der Runde vorzunehmen, aus drei bis fünf Metern jeden Ball unbedingt einzulochen. Die Reaktionen liegen auf der Hand: Enttäuschung, wenn der erste daneben geht; Ärger, wenn der zweite mißlingt; Wut beim drittenmal. Es folgen Resignation und Unlust; am Ende schiebt man den 3-Meter-Putt einen Meter zu lang und kommt mit einem verpatzten Score ins Clubhaus.

- Eine zu hohe Zielsetzung erzeugt eine sehr hohe Erwartungshaltung.
- Eine zu hohe Erwartungshaltung baut Druck auf, ungesunden Druck.

– Bei zu hohem Druck können leicht Ängste und Zweifel hochkommen, die Konzentration geht verloren.
– Zu hohe Ziele verhindern Erfolgserlebnisse.

Ganz andere Gefahren lauern hinter zu niedrigen Zielen: Langeweile, Desinteresse und Unachtsamkeit. Wer hat schon Interesse an einem Ziel, das allzuleicht zu erreichen ist. Stellt sich im Büro jahrelang immer nur dieselbe einfache Aufgabe, läßt automatisch die Aufmerksamkeit immer mehr nach – man verliert die Motivation und wird schlampig. Diesen Mechanismus sollten wir mitbekommen und erleben, um rechtzeitig darauf reagieren zu können.

> Wer alle Ziele erreicht, hat sie wahrscheinlich zu niedrig angesetzt.
>
> *Herbert von Karajan, Dirigent*

Herausfordernde Ziele

Die Antwort auf zu hohe und zu niedrige Ziele sind herausfordernde Ziele. Einen Aufschlag mit einem bestimmten Drall zu spielen, einen Abschlag an eine bestimmte Stelle zu plazieren, einen Auftrag in einer anspruchsvollen Art und Weise zu erledigen. Aufgaben, die nicht zu einfach, aber auch nicht unglaublich schwierig erscheinen. Sie werden bei allem, was passiert, wach sein, und Sie werden Lust haben auf Neues, da es eine Möglichkeit mehr ist, etwas dazuzulernen.

Suchen Sie aus der Vielzahl der Möglichkeiten immer die »Herausfordernde« heraus. Ihr Interesse bleibt hoch, die Wahrscheinlichkeit des Erfolges steigt.

Aber: Was wir gestern noch als herausfordernd formuliert haben, kann morgen eine Überforderung sein. Was wir in einer Phase der Stärke formuliert haben, kann uns in Phasen der Schwäche bedrücken oder gar lähmen. Was zunächst machbar erschien, kann plötzlich unerreichbar werden. Deshalb ist es wichtig, selbst bei langfristigen Zielen zu vermeiden, ihnen mit aller Gewalt, auf »biegen und brechen« nachzujagen. Bei aller Planung sollte immer noch genügend Flexibilität vorhanden sein: für spontanes Verändern oder sogar Fallenlassen.

Interesse und Lernerfolg

Jeder Mensch hat auf andere Dinge Lust. Und grundsätzlich lernt er nur das, was ihn interessiert. Die Aufgabe des Coaches ist es nur, die Lust und das Interesse zu entdecken und darauf aufzubauen. Alles andere kommt von selbst. Nur das, was der Mensch lernen möchte, kann er später auch umsetzen – im Wettkampf oder im Beruf. Es ist nicht sinnvoll, jemandem etwas unbedingt beibringen zu wollen: Er wird es sowieso bald wieder vergessen.

Jeder lernt nur das, was ihn interessiert

Persönliche Ziele
Entdecken Sie Ihre persönlichen Ziele, und schreiben Sie diese in die folgenden Zeilen:

Welche sportlichen Ziele wollen Sie erreichen?

Welche beruflichen Ziele wollen Sie erreichen?

Welche privaten Ziele wollen Sie erreichen?

Prioritäten setzen

Hat man einmal entdeckt, wohin man will, so ist der nächste, wichtige Schritt das Setzen von Prioritäten. Schreiben Sie einfach zu Ihren sportlichen, beruflichen und privaten Zielen jeweils einen Buchstaben.

A für Ziele ersten Ranges.
B für Ziele zweiten Ranges.
C für Ziele dritten Ranges.

Zeitliche Ordnung

Werden Sie sich auch über die zeitliche Anordnung Ihrer Ziele bewußt. Was will ich morgen, in der folgenden Woche, was im nächsten Monat, im kommenden Jahr erreichen?
Falls Sie Spaß daran haben, können Sie auch Ihre »Lebensziele« erkennen und formulieren.

Tagesziele:

Wochenziele:

Monatsziele:

____

Jahresziele:

Lebensziele:

Ihre Ziele liegen jetzt – hoffentlich! – klar vor Ihnen. Jetzt sollten Sie versuchen, sie auch in die Tat umzusetzen.
Aber: Nicht das unbedingte Erreichen aller Ziele ist entscheidend – vielleicht ist schon der Weg zum Ziel das Wichtigste ...

> Ziele entspringen aus der Persönlichkeit,
> den Umständen und den Gelegenheiten.

Die *Persönlichkeit* kann man entdecken, erleben und jederzeit weiterentwickeln. Ein klares Selbstbewußtsein ist die Voraussetzung.
Die *Umstände,* die Ziele erreichbar machen oder auch nicht, sind beeinflußbar. Man kann sie verändern und den Zielen anpassen.
Gelegenheiten ergeben sich aus der Zielsetzung: Nur wer sein Ziel kennt, erkennt die Gelegenheit.

Barrieren

Das Richtig/falsch-Problem

Erst vor vier Jahren ist mit klar geworden, daß ich während meiner ganzen aktiven Zeit als Bundesliga- und Weltranglistenspieler nicht in der Lage war, bei Rückhand-Passierbällen den Ball auf den letzten zwei Metern vor meinem Schläger zu erleben. Grund dafür waren die Ängste, etwas falsch zu machen. Deshalb war ich nicht mehr in der Lage, den Ball voll zu beobachten, zu spielen, ohne an richtig oder falsch zu denken. So war das Ergebnis oft mittelmäßig und geprägt von Zufällen. Heute ist mir diese Barriere klar: die ständige Kontrolle über »Richtig/falsch-Kategorien«, über Normen und Regeln. Was mir damals passiert ist, aber auch vielen anderen Menschen ständig widerfährt, habe ich zur Erinnerung auf ein großes Blatt Papier geschrieben, das immer in meinem Büro hängt:

> Meist sind die Menschen so mit richtig und falsch beschäftigt, daß sie nicht mehr erkennen können, was tatsächlich passiert.

Gelehrte Barrieren

Das Lehren und das Lernen ist in vielen Bereichen immer noch geprägt von einem »Richtig/falsch-Muster«. Im Unterricht wird man sehr häufig in vorgegebene Formen gepreßt. Der Lehrer weist mit gelegentlich erhobenem Zeigefinger darauf hin, was zu tun ist, der Schüler hat sich danach zu richten. Besonders ausgeprägt ist das immer noch im Sport. Im Tennis zum Beispiel »mußte« der linke Fuß nach vorne bei der Vorhand, um eine seitliche Stellung zu erreichen. Beim Aufschlag war sehr lange

Zeit der Rückhand-Griff »vorgeschrieben«. Genauso exakt waren und sind fast überall die Aushol- und Zuschlagbewegungen festgelegt. Selbst die Beinarbeit, jeder einzelne Schritt, wird von sehr vielen Tennislehrern so lange exakt geschult, bis sie absolut »richtig« ist. Daß dabei kein Freiraum für individuelle Lösungen, für die Persönlichkeit bleiben kann, liegt auf der Hand.

> *Lassen Sie sich nicht von rigorosen Tennislehrer-Regeln beeinflussen. Entdecken Sie lieber Ihre individuellen Fähigkeiten, haben Sie keine Angst davor, mit allem herumzuexperimentieren, das Ihrem Spiel zugute kommt. Ich habe fast jede Regel gebrochen, die in den letzten fünfzig Jahren in Lehrbüchern aufgestellt wurde.*
>
> *Björn Borg*

Alle diese Muster werden von sogenannten Lehrern in Fachbüchern beschrieben – die Schüler haben die detaillierten Vorgaben zu erfüllen. Es wird dabei meistens kein Unterschied gemacht zwischen den unterschiedlichen Spielertypen und Charakteren, nicht einmal zwischen Frauen und Männern.
Es ist wohl tatsächlich so: Das Weitergeben von Inhalten nach dem »Richtig/falsch-System«, wie es vor allem in unseren Schulen immer noch weitgehend praktiziert wird, produziert zu viele »Muster«-Schüler und zuwenig Typen – Persönlichkeiten, die eigene, vom Standard abweichende und damit manchmal weiterführende Ideen entwickeln.

»Musterschüler«

»Musterschüler ist für mich ein sehr negativ besetzter Begriff ... Ein Musterschüler wird auch gerne wieder Lehrer. Es dreht sich im Kreis. Daß Leute später im Leben besonders gut zurechtkommen, wenn sie Musterschüler waren, kann ich nicht behaupten. Da habe ich genau das Gegenteil erfahren ... Wer nur reproduziert und das macht, was alle machen, der ist ja nur einer unter Millionen. Während der, der es spielerisch macht, vielleicht auf Originelles kommt und damit in einer kreativen Gesellschaft einen hohen Wert darstellen kann. Einer, der nur reproduziert, ein Mitläufer sozusagen, kann in dem ganzen kreativen Prozeß, der momentan in unserer Gesellschaft stattfindet, nicht so richtig mitmachen.«

Gerd Binnig

Mein »Rembrandt«

Auf einer Amerikareise 1985 habe ich ein kleines Tennis-Büchlein aus den sechziger Jahren entdeckt, das mir bald so wertvoll wie ein alter holländischer Meister geworden ist – deshalb nenne ich es meinen »Rembrandt«. Dick Bradlee, der Autor, beschreibt darin, daß um 1960 alle Weltklassespieler im Tennis auf eine Art spielten, die vollkommen der damals herrschenden Lehrmeinung widersprach. Dennoch wurden die starren Regeln und Methoden nicht verändert. Bradlee hatte zu dieser Zeit mit seinen Ideen, die auf »natürliche Bewegungsabläufe« ausgerichtet waren, nur mäßigen Erfolg – fast alle Lehrenden befanden sich im »Lehrrausch«.

In diesem Lehrrausch blieben allerdings viele Schüler auf der Strecke. Besonders Frauen, die damals mit dem Sport begannen, konnten leicht an sich verzweifeln. Die festen Lehrpläne und die dadurch aufgebaute Lernfalle »Falschmachen« trieben sie oft genug zum Aufhören. So blieben Menschen auf der (Sport-)Strecke, die vielleicht heute noch glauben, sie seien einfach untalentiert. In Wirklichkeit waren aber die Lehrer nicht entwickelt genug, um die Talente ihrer Schüler zu fördern. Ist es heute anders?

Golf-Lehrer

Im Golf sind »lehrreiche« Muster und übergenaue Trainer bis heute eine Ursache für unnötig schwieriges Lernen – Lernen in eine komplizierte Richtung. Alles, auch das kleinste Detail, wird nach den Kategorien richtig und falsch beurteilt, die Entwicklung der inneren Fähigkeiten vollkommen vernachlässigt.

Im Golf wird meist auf eine Weise gelehrt, als ob die Technik das Wichtigste wäre, um erfolgreich spielen zu können. Das Spiel wird reduziert auf einige wenige Technikformen, die von den Trainern und Fachleuten natürlich um so mehr analysiert, zerpflückt und anschließend in gut oder schlecht eingeteilt werden. Jeder Golflehrer versucht, all sein Wissen über den »richtigen« Schwung vollständig an seine Schüler weiterzugeben. Natürlich mit dem Hintergrund, dem Schüler das Golfspielen möglichst schnell beizubringen. Doch offensichtlich sind sich viele »Pros« nicht bewußt, daß sie dadurch nur das Lernen behindern, daß sie Barrieren förmlich aufbauen: durch die Überfrachtung ihrer Schüler mit äußerer Technik und die gleichzeitige Vernachlässigung des inneren Potentials.
Wie läuft denn ein »normaler« Golf-Unterricht ab? Der Schüler probiert einen Schwung, anschließend erläutert ihm der Trainer, was er alles falsch gemacht hat. Auf diesem Weg kommen schnell drei, vier oder sogar mehr Korrekturen zusammen: Schwer, eigentlich unmöglich, das alles gleichzeitig zu verarbeiten. Beim nächsten Versuch ist der Schüler durch die vielen Anweisungen so sehr mit falsch und richtig beschäftigt, daß er nicht mehr mitbekommt, was er tatsächlich macht. Die Konzentration auf Logik und Analyse steht im Mittelpunkt, das Denken ist so angeheizt, daß die Konzentration auf das volle Erleben nicht mehr möglich ist. Man wird unsicher, Zweifel werden geschürt, Ängste können sich aufbauen – eine denkbar ungünstige Voraussetzung für natürliches Lernen.

Erfolgreiches Lernen

Aus meiner Erfahrung als Coach habe ich gelernt, daß Weltklassespieler im Tennis und Golf statt dessen versuchen, ihre Erlebnisfähigkeit voll zu aktivieren. Sie versuchen zu sehen, zu spüren, zu fühlen, zu riechen und zu hören – aber nur das, was für den Erfolg von Bedeutung ist: die Weichheit und das Fließen der Bewegung, die Entspannung der Handgelenke, den Klang des Balles auf dem Schläger, die Wellen und Unebenheiten auf dem Grün, selbst die eigene innere Verfassung.

Weltklassespieler kümmern sich wenig um richtig oder falsch. Beim Schlag, beim Griff, bei der Stellung oder beim Putten verhalten sich die meisten Weltklassegolfer nicht nach den in Lehrbüchern für richtig erkannten Techniknormen. Sie haben ihre eigene, natürliche und doch offenbar effiziente Technik entwickelt. Erfolgreich deshalb, weil sie gespürt haben, daß die äußere Technik nur ein Teil dessen ist, was zum Erfolg führt. Statt dessen verwenden sie wesentlich mehr Konzentration auf die Entwicklung der inneren Techniken.

> *Faulheit ist die Voraussetzung für Kreativität. Man kann nicht kreativ sein, wenn man nicht beschränkt ist.*
>
> *Gerd Binnig*

Es kommt hinzu, daß die Weltklasse, eben weil sie sich relativ wenig mit der Analyse, mit richtig und falsch beschäftigt, ein weit größeres Selbstvertrauen entwickelt. Denn mit dem »Wissen« über das »Richtig« kommt automatisch auch die Angst vor dem »Falsch«: Alles, was richtig gemacht werden kann, ist logischerweise auch falsch möglich. So wird die Angst vor dem Falschmachen zum Zentrum des Lernens – und zur Barriere vor dem unbeschwerten Fortschritt. Sie erzeugt Verspannungen, Blockaden – das Gegenteil von Selbstvertrauen. Fazit:

Nicht gegen Fehler, sondern für Lösungen arbeiten

Im Berufsleben greift dasselbe Prinzip: Wer sich zu sehr mit Fehlern, das heißt mit der Vergangenheit, beschäftigt, verliert den Blick für Lösungen, die in der Zukunft liegen.

Polarität

Vieles in unserer Welt ist leider immer noch von der Unterteilung in die Gegensätze richtig und falsch geprägt. Zwischen diesen beiden Polen spielt sich nahezu unser ganzes Denken und Handeln ab. Dabei ist die Welt alles andere als von polarer

Struktur. Deshalb kann das, was tatsächlich passiert, mit gegensätzlichen Wörtern nicht ausreichend beschrieben werden. Die Sprache sollte aber die Wirklichkeit beschreiben – auch im Sport. Nur solche Beschreibungen geben ausreichend verwertbare Informationen, um dieselbe Handlung beim nächsten Mal gefühlsmäßig zu verändern oder beizubehalten.

Im INNER COACHING versuchen wir, genauere Beschreibungen der Wirklichkeit zu finden – um wertende »Urteile« (negativ/positiv, gut/schlecht, richtig/falsch) zu vermeiden und die Konzentration auf das, was tatsächlich passiert, zu lenken. Polare Wörter lenken nur von der Wirklichkeit ab.

Dennoch wird heute noch sehr häufig über solch polare Begriffe gelernt. Spitzensportler tun dies nur sehr selten. Das ist mir im Laufe meiner Tätigkeit als Coach von Weltklassespielern immer deutlicher geworden. Spitzensportler denken in anderen Systemen, mit anderen Begriffen. Sie haben fast alle eine besonders ausgeprägte Form von Bewußtsein und Selbstbewußtsein gefunden. Durch ein intensives Erleben von sich und der Umwelt entstehen neue Eindrücke und Wahrnehmungen. Diese »anderen« Wahrnehmungen brauchen auch andere Wörter. Aus diesem Grund sprechen Top-Athleten eine andere Sprache.

Es ist eine Sprache, die mehr die Gefühle zum Inhalt hat, die Instinkte, die Sinneswahrnehmungen und die Erlebnisse – alles Bereiche, die sich einer polaren Betrachtungsweise entziehen. Bewußt erlebte Aktionen führen dazu, eine neue Sprache zu erlernen und zu sprechen. Eine Sprache, die aus Erlebnissen entsteht und die eine neue und differenzierte Welt beschreibt.

Paradoxe Erlebnisse

In vielen Trainerstunden konnte ich erleben, daß unsere Sprache nicht immer mit dem Erlebnis übereinstimmte, offenbar überfordert war. Oft wurden auf die Fragen, die ich meinen Schülern stellte, paradoxe Antworten gegeben.

Ein Trainingspartner meinte, bei diesem einen Schlag sei er mit der Vorstellung von »locker-fest« am erfolgreichsten. Auch

andere in sich gegensätzliche Bezeichnungen wurden immer häufiger als Antwort auf meine Fragen, die auf die Bewußtwerdung innerer Zustände abzielten, genannt. Manche glaubten, »langsam-schnell« sei die beste Beschreibung, andere wiederum meinten, eine Aktion mit »frei-genau« umschreiben zu müssen.
All diese im ersten Moment paradoxen Gegensätze sind eigentlich nur der Beweis für unser unzureichendes Sprachsystem. Ein System, das auf Gegensätzlichkeiten aufgebaut ist und das nicht die Vielschichtigkeit und Verschiedenartigkeit des Menschen, seiner Zustände und Handlungen ausreichend beschreiben kann.
Als Konsequenz daraus haben wir versucht, eine Erweiterung der Sprache zu entwickeln – ein genaueres System.

Sprache schafft Wirklichkeit

Gesteigerte Wahrnehmung

Mit Hilfe von Skalen kann man ein Erlebnis genauer beschreiben. Greift man zum Beispiel einen Golfschläger, so kannte man bisher nur die »normalen« Unterteilungen in locker oder fest. Beide Ausdrücke sind mit Sicherheit nicht präzise genug. Eine vollkommen neue Erkenntnis wird möglich, wenn man zusätzlich eine Skala von 1 bis 10 benützt. 1 ist sehr locker, 10 ist sehr fest. Mit dieser Skalierung, die die Kluft zwischen locker und fest überbrückt, kann man herausfinden, mit welcher Lockerheit bzw. Festigkeit man tatsächlich greift. Mit Hilfe dieser Skala hat man jetzt zehn Unterteilungen statt vorher zwei. Es liegt auf der Hand, daß dies zu wesentlich genaueren Wahrnehmungen führt, die das Ergebnis günstig beeinflussen können.
Selbstverständlich sind diese Skalen-Werte nicht auf andere Spieler übertragbar. Das heißt: Wenn Sie den Golfschläger mit der Stärke fünf greifen, so kann diese Kraft objektiv bei einem anderen Menschen eine neun sein.
Fast alle Erlebnisse im Sport lassen sich durch diese Skalierung

genauer beschreiben. Die Ergebnisse lassen sich selbstverständlich auf sehr viele Bereiche übertragen. Sie erlauben ein genaueres Sich-Kennenlernen – dieses im Sport erlangte differenzierte Selbstbewußtsein kann zur Grundlage für erfolgreicheres Handeln auch im Berufsleben genützt werden.

Die Falle der Hobby-Coaches

Ich habe selbst einige Erfahrungen mit richtig und falsch machen müssen. Als ich mit dem Golfen begann, wurde ich sofort mit einer Menge Normen und Mustern konfrontiert. Dabei begann meine Golf-»Laufbahn« mit Lernen ohne jede Hilfe und einem Turniersieg mit 56 Stableford-Punkten – drei Monate, nachdem ich zum erstenmal einen Schläger in die Hand genommen hatte. Erst heute ist mir klar, wie ich das schaffen konnte. Denn erst seit kurzer Zeit bin ich zu dieser unbeschwerten Art von damals, Golf zu spielen, zurückgekehrt.
Zwischenzeitlich wurde ich regelrecht irregeleitet: durch Trainerstunden und die so beliebte »Richtig/falsch-Clubhaus-Atmosphäre«. Seit meinem ersten Turnier galt ich als »Riesentalent«, und jeder wollte mir nun seine gutgemeinten Tips geben. Eine Unmenge von Ratschlägen ließ meine Freiheit, meine Lockerheit und meine Weichheit in der Bewegung erstarren. Ich war, ohne es zu merken, in die Wissens-Falle der Lehrer und »Hobby-Coaches« geraten. Heute sind mir die Auswirkungen sogenannter »gutgemeinter Ratschläge« klarer: Ich habe gelernt, manchmal bewußt wegzuhören. Ich erkannte: Es gibt nur persönliche Wege, eine bestimmte Situation erfolgreich zu lösen. Gleichzeitig bestätigte sich meine Erfahrung aus dem Tennis: Innere Fähigkeiten wie Ruhe, Konzentration und Entspannung spielen eine viel größere Rolle auf dem Weg zum Erfolg als äußere Techniken – egal in welchem Bereich.

Meiner Überzeugung nach ist Tennis ein Spiel des Instinkts und der Vernunft und keine Sache richtiger Griffe und fragwürdiger Ratschläge.

Björn Borg

Ungünstige Mechanismen

Neben dem »Richtig/falsch-Problem« stehen noch eine ganze Reihe weiterer Barrieren zwischen unseren Möglichkeiten, unserem Potential, und dem Erfolg. Es sind ungünstige Mechanismen in den Bereichen der Ziele, der Einstellungen und der Emotionen.

Ungünstige Ziele
Wie ungünstige Ziele den Erfolg verhindern, läßt sich sehr gut am Beispiel »unbedingt siegen wollen« darstellen. Diese Barriere hat es relativ leicht, sich einzuschleichen, denn der Sieg als Motivation erscheint, zumal im Sport, auf den ersten Blick völlig logisch und legitim. Erst auf den zweiten Blick erkennt man, was sich dahinter alles verbergen kann: Anerkennung, Lob, Geliebtwerden, Ruhm, Macht, im Mittelpunkt stehen, wichtig sein usw. Man will also nicht nur siegen, man will etwas besitzen. Diese Gier schürt leicht ungesunden Ehrgeiz und verhindert so die entspannte Konzentration. Zum Siegen gehört aber unweigerlich das Verlieren. Davor haben »Sieg-Orientierte« Angst. Es droht die Gefahr, genau das Gegenteil der beim Sieg in Aussicht stehenden Belohnungen zu erhalten: Verlust, Kritik, Tadel, Nicht-geliebt-Werden, Schande usw.
Wenn man sich nicht vom Druck dieser Gegensätze befreit, sind Schwankungen unvermeidbar. Es muß also eine Motivation gefunden werden, die über Sieg und Niederlage hinausgeht. Ein solches Ziel wäre zum Beispiel »sein Bestes geben«. Es bewirkt eine fundamentale Änderung: vom »Haben-Wollen« zum »Geben«.

Ungünstige Einstellungen
Mit welcher Einstellung kann man an eine Sache herangehen? Es gibt zum Beispiel Einstellungen, die die verschiedenen Grade der Aktivität sichtbar werden lassen. Sie können wie auf einer Skala angeordnet werden, die von sehr aktiv bis hinunter zur Inaktivität reicht:

Überaktivität,
Überlegenheitsgefühl,
Übermut,
Begeisterung,
Eifer,
Interesse oder
Geduld,
Gelassenheit,
Lässigkeit,
Leichtsinn,
Trägheit.

Es gibt auf dieser Skala, die natürlich fast unendlich ergänzt werden kann, nach oben und nach unten Grenzen, wo die Einstellung ungünstig wird: nach oben sind das Beschreibungen, die mit »Über-« beginnen, nach unten liegt die Grenze wahrscheinlich zwischen Gelassenheit und Lässigkeit. Es kommt also darauf an, mit einer der Anforderung entsprechenden Einstellung an eine Sache heranzugehen. Ein Zuviel kann genauso zur Barriere werden wie ein Zuwenig. Gesunde Einstellungen finden sich meist in der Mitte – ob das jetzt die Aktivitäts-Skala, die »Spannungs-Skala« (von höchster Anspannung bis zum totalen Desinteresse), die »Präzisions-Skala« (von hypergenau und pedantisch bis zu völlig nachlässig und schlampig) oder eine andere ist.

Ungünstige Emotionen
Natürlich sind Emotionen, selbst in ihren Schattierungen und Variationen, lebensnotwendig – sie gehören zur seelischen Hygiene. Wenn jedoch absolute Konzentration gefordert ist, werden extreme Emotionen wie Euphorie, Ärger, Wut, überschäumende Freude oder Aggression zu Barrieren. Ein Zuviel an Freude kann dann auftreten, wenn wir etwas geschafft haben, was uns besonders gut gefällt: ein fantastischer Passierball, ein traumhafter Abschlag, eine geniale Idee. Ist die Aktion (das Match, die Golfrunde, der Vertrag) bereits abgeschlossen – kein Problem. Wenn nicht, führt die Euphorie fast immer zum

Verlust von Konzentration, und die Performance leidet. Natürlich haben Gefühle in der anderen Richtung dieselbe Wirkung: Auch Ärger führt zu Konzentrationsstörungen, da man sich in der Emotion und nicht mehr in der Gegenwart befindet. Der Ärger richtet sich zwar immer gegen den »Hinderungsgrund« vor dem Erfolg – den Schiedsrichter, das Wetter, den Gegner, das fehlerhafte Equipment, sogar gegen das eigene Unvermögen. Doch im Endeffekt ist es der Ärger selbst, der zum eigentlichen Hinderungsgrund, zur Barriere wird.

Extreme, störende Emotionen können in wichtigen Situationen durch Konzentration kontrolliert werden. Im INNER-COACHING-Training wird speziell geübt, zur »Mitte«, zur Gelassenheit, zurückzufinden. Das trainierte Selbstbewußtsein erkennt emotionale Störungen sofort und hilft, sie bewußt zu regulieren.

Interview mit Niki Lauda, Formel-1-Weltmeister und Besitzer einer Fluglinie

Niki Lauda war dreimal Weltmeister in der Formel-1 (1975, 77, 84), der höchsten Motorsportklasse, und gründete im Anschluß an seine Rennfahrer-Karriere seine eigene Fluggesellschaft, die »Lauda-Air«.

Schaffelhuber: Was mich als erstes interessiert: Welche Fähigkeiten braucht man als Formel-1-Rennfahrer?

Lauda: Zum einen das Talent, ein Auto schnell bewegen zu können – ohne das geht überhaupt nichts. Und dann: analytisch arbeiten, Konzentration, technisches Empfinden, Weiterdenken, Entwickeln des Autos. Eine Kombination aus allem, würde ich sagen.

Schaffelhuber: Können wir ein bißchen genauer darauf eingehen? Was heißt »Talent«?

Lauda: Talent heißt, einen sensiblen Hintern zu haben, der einem früher funkt, was dieser fahrbare Untersatz für Bewegungen macht. Der, der sensibler oder schneller die Grenzen des Autos auf's Hirn übertragen kann, ist derjenige, der schneller fährt. Und das ist eine reine Gefühlssache des menschlichen Apparates. Natürlich gehört das geschult, natürlich gehört das gefördert, natürlich gehört das durchdacht, dauernd verändert und verbessert. Aber als Grundprinzip muß man nun einmal eine gewisse Sensibilität im Hintern, wenn man so will, haben. Es gibt eine gewisse Grundsensibilität, die muß da sein, der Rest ist harte Arbeit.

Schaffelhuber: Harte Arbeit?

Lauda: Es gibt sicher keinen, der sich nur auf sein Talent verlassen kann. Das gehört gefördert, das gehört ausgebaut, das gehört animiert. Das ist so wie bei einem Maler. Ein Maler ist ja auch nur gut, wenn er regelmäßig malt. Es gibt ja keinen, der einmal malt und dann »non plus ultra« ist. Talent muß einfach mit Übung gefördert werden. So ähnlich ist es natürlich auch im Rennsport.

Schaffelhuber: Heißt sensibel sein auch gleichzeitig denken? Haben Sie, während Sie gefahren sind, gedacht, oder fahren Sie mehr intuitiv?

Lauda: Beim Fahren kann man wenig denken, so voll konzentriert am Limit. Wenn man dann denkt, denkt man meistens an Dinge, die mit dem Fahren eng zusammenhängen. Wenn du anfängst, an andere Dinge zu denken, bist du unkonzentriert und machst Fehler. In Wirklichkeit ist der der Bessere, der sich nur auf das konzentriert, was er gerade tut.

Schaffelhuber: Das heißt also, daß man versucht, während der zwei Stunden Rennen möglichst sein Denken zur Ruhe zu bringen?

Lauda: Ja. Es bleibt einem da auch gar keine andere Möglichkeit. Ich muß mich konzentrieren.

Schaffelhuber: Haben Sie selber schon festgestellt, daß Sie eine innere Stimme haben? Versuchen Sie, sich innerlich mit Ihrem Sport auseinanderzusetzen?

Lauda: Ich glaube, daß das analytische Denken wichtig ist. Ob jetzt einer mit sich redet oder nachdenkt, das ist, glaube ich, sekundär. Aber ich glaube natürlich sehr wohl, daß man sich vor einem Rennen oder bei welcher Leistung auch immer überlegen muß: Wie gehe ich jetzt diese Leistung an? Es gibt ja dauernd neue Situationen, auf die ich mich neu einstellen muß. Das muß ich schon mit mir selber ausmachen, wie ich darauf reagiere.

Schaffelhuber: Gab es Zeiten, wo Sie das Gefühl hatten, Sie haben irgendwo Grenzen oder Barrieren?

Lauda: Angstbarrieren?

Schaffelhuber: Ja. Angstbarrieren. Gab es so etwas bei Ihnen?

Lauda: Natürlich, nach dem Unfall. Das hat ein halbes Jahr gedauert, bis das wirklich wieder weg war. Das hat sehr viel Arbeit gebraucht, vor allem wieder das Vertrauen in die eigene Leistung zu kriegen. Nur die sichert mich ab gegen einen Unfall. Das mußte wieder aufgebaut werden. Die Angst war nach dem Unfall natürlich fürchterlich. Doch dann wurde es immer weniger, und je mehr die Leistung wieder gestimmt hat, desto mehr wurde es wieder normal, wenn man so will. Ich konnte wieder ohne Hemmschwellen oder Angstschwellen fahren.

Schaffelhuber: Wie haben Sie diese Angstschwelle überwunden, oder wie haben Sie sie kleiner gemacht?

Lauda: Langsam beginnen, wieder zu fahren, sich einfach wieder vertrauen, die eigene Leistung entwickeln. Zuerst hab' ich den Fehler gemacht, rauszugehen und zu versuchen, so schnell wie früher zu fahren, weil ich plötzlich glaubte, ich kann das alles wieder. Da wurde ich unsicher, und durch die Unsicherheit kam wieder die Angst. In dem Moment, wo ich zurückschaltete und mir sagte: »O.K., jetzt ist hier kein Rennen, mit ist jetzt alles wurscht, ich fange jetzt an zu fahren, wie wenn ich allein wär, immer schneller, immer schneller« – da sah ich, daß es wieder gehen kann. So kann man dann langsam – und das hat in meinem Fall sicher sechs, sieben Monate gedauert – diese Angst- oder Unsicherheitszustände abbauen und dann wieder ohne Einschränkung fahren.

Schaffelhuber: Das heißt also, Sie haben versucht, kleine Erfolge zu haben: mit einer bestimmten Geschwindigkeit zu fahren, das zu erreichen und dann eine kleine Stufe höher zu gehen?

Lauda: Ja. In meinem Sport bietet sich das an. Wenn ich einen Formel-3-Wagen fahre, dann Formel-2 und am Ende Formel-1, dann sind das Riesensprünge. Und es kann sein, daß ich bis zum höchsten Sprung sehr gut fahre und daß ich dann den nächsten nicht mehr fahren kann, daß ich einfach zu schnell werde. Ich muß also immer wieder versuchen, den einen Bereich in Ordnung zu kriegen, dann in den nächsten zu steigen und wieder die Leistung darauf hinzutrimmen, das wieder in den Griff zu kriegen, und dann wieder in den nächsten.

Schaffelhuber: Das heißt also, Sie stecken sich ganz klare Ziele und haben aber auch die Geduld, nicht gleich zuviel zu wollen?

Lauda: Ziele entwickeln sich. Das ist wie in der Weltrangliste. Sie sind Dritter, und dann werden Sie Vierter, dann wieder Dritter, und dann werden Sie Zweiter. Das heißt, ich bin Formel-1 gefahren, und dann habe ich daraus das Beste machen müssen. Ich fing nicht an, Rennen zu fahren mit der Einstellung: »Ich möchte Formel-1-Weltmeister werden!« Das wäre idiotisch. Ich kann auch nicht anfangen, Tennis zu spielen, und sagen: »Ich möchte die Nummer 1 werden!« Wie soll das gehen? Das heißt, Sie können nur anfangen zu fahren – mit irgendeinem Auto – und versuchen, mit dem zu gewinnen. Und wenn Sie dann gewonnen haben, dann denken Sie erst nach, jetzt nehme ich das nächstschnellere und probiere, das gleiche wieder zu machen. Es geht eigentlich nur, sich auf das Momentane zu konzentrieren und das umzusetzen und nicht zu sagen: »Ich möchte da oben hinkommen!«

Schaffelhuber: Was glauben Sie, sind Ihre speziellen Fähigkeiten, die Sie haben, die Sie auszeichnen gegenüber anderen?

Lauda: Hundertprozentiger Einsatz, ohne Kompromisse. Wenn ich mir etwas vornehme, mach' ich's. Dann bin ich halt gescheit genug, zu variieren: Wie komme ich am besten zum Ziel? Ich versuche mich halt immer einzustellen auf die Schwierigkeiten, die gerade zu lösen sind.

Schaffelhuber: Das heißt, Sie haben immer ein Ziel?

Lauda: Ja, ein Ziel ist mir heute dadurch vorgegeben, daß ich vier Flugzeuge da draußen habe. Ich habe nicht gesagt, ich will vier Flieger haben, sondern die vier Flieger haben sich entwikkelt. Erst hast du einen, dann einen für mehr Passagiere, dann waren es zwei, dann drei, dann vier. Ich saß in einem Rennauto, in einem Ferrari, da war klar, daß ich dann einen McLaren fahr'. Ich glaube, man kann es nur so machen. Man muß das, was man heute hat, umsetzen. Und was ich morgen habe, entwickelt sich aus der Arbeit, die ich heute erledigt habe. Das heißt: Wenn ich heute erfolgreich bin, habe ich morgen fünf Flieger.

Schaffelhuber: Gibt es denn Fähigkeiten, die Sie letztlich im Sport gelernt haben und die Sie jetzt gut verwenden können, hier im Business-Bereich?

Lauda: Natürlich: analytisch arbeiten, den kürzesten und geradesten Weg gehen. Aufhören, mir dauernd erklären zu lassen, wie's nicht geht. Ich weiß eh, wie's nicht geht, ich möchte wissen, wie's geht. Schnell zu entscheiden. Wie gesagt, den kürzesten Weg zum Ziel. Nicht hin und her und Emotionen und vor und zurück – das ist alles nichts.

Schaffelhuber: Das heißt also ...?

Lauda: Ehrlich sein. Ehrlich sein. Was mich so ärgert, ist, wenn jemand zur Tür hereinkommt, mir irgend etwas erklärt und ich weiß genau, es stimmt nicht. Ich sag' dann: »Objektiv sind Sie gerade in den Baum gefahren mit dem Auto. Nicht der Baum in Sie hinein. Erzählen Sie nicht so einen Blödsinn, sagen Sie ehrlich: ›Ich bin in den Baum gefahren. Es tut mir leid.‹ Dann können Sie wenigstens das nächste Mal etwas besser machen.« Zu erklären, es sind eigentlich alle anderen schuld, nur nicht er selber, was ja leider im Menschen drin sitzt, ist fad. Damit vergeht die Zeit, und es geht nichts weiter.

Schaffelhuber: Haben Sie die Ehrlichkeit eigentlich auch im Sport gelernt?

Lauda: Ja, es ist mir ja nichts übriggeblieben. Die Analyse in der Formel-1 ist ganz einfach: Erster, Zweiter, Dritter. Das ist das Resultat, daran kannst du nichts rütteln. Ich kann dir vierunddreißigmal Geschichten erzählen – wenn ich Fünfter war, war ich halt nur Fünfter. Ob jetzt der Stoßdämpfer schuld war oder ich selber, interessiert ja keinen Menschen. Das heißt, ich bin sehr schnell darauf gekommen: Bei so klaren Entscheidungskriterien wie eins, zwei, drei brauch' ich eigentlich nur schauen, daß ich Erster werde. Dann hab' ich das Ziel erreicht. Anders ist es bei Schauspielern, die natürlich von subjektiven Emotionen abhängig sind. Da kann man drüber diskutieren, ob das gut oder schlecht war. Aber in meinem Fall gab es keine Diskussion. Bei meiner Airline ist es dasselbe.

Schaffelhuber: Haben Sie während Ihrer Laufbahn viel Selbstbewußtsein entwickelt?

Lauda: Das ist passiert. Das mußte passieren. Da habe ich am Anfang natürlich auch genau dieselben blöden Geschichten erzählt wie all meine Kollegen: »Ich hätte natürlich gewonnen, wenn nicht ...« Nur, nach dem dritten Mal mußt du als halbwegs Intelligenter drauf kommen, daß das nichts bringt. Gescheiter ist es, den Mund zu halten und zu schauen, daß du weiterkommst. Da braucht man dann nichts diskutieren.

Schaffelhuber: Ist es auch die Ehrlichkeit, die Sie in Ihrer Firma vorleben, vielleicht als eine Art Coaching? Entsteht aus dieser Ehrlichkeit vielleicht auch ein ganz gutes Arbeitsklima?

Lauda: Ich leb' das vor und will, daß das natürlich gemacht wird, aber jeder hat sein Eigenleben, jeder soll es machen, wie er will – solange er auf meiner Straße arbeitet, entlang meiner Linie fährt. Wenn er entgegen der Linie zu fahren anfängt, dann hat es keinen Sinn. Es gibt viele, die arbeiten zehn, zwölf Stunden und fahren in die falsche Richtung. Das bringt nichts. Die müssen in die richtige fahren und sollten da natürlich gecoacht werden. Ich fliege selber, nur aus dem Grund, weil ich sag': Bitte, ich sitz' auch zwölf Stunden hier in dem Scheißflieger von Bangkok nach Wien.

Schaffelhuber: Das heißt also, Sie coachen durch Vorbild?

Lauda: Ja, das Wichtigste bei einer Airline, einem relativ einfachen Unternehmen, ist, daß du über alles Bescheid wissen mußt. Und das ist irrsinnig leicht. Du fliegst selber, dann landest du in Hongkong, dann mußt du wieder nach Hause – dann weiß ich eigentlich alles. Ich weiß immer genug, damit ich mit jedem hier diskutieren könnte. Auch wenn ich nicht alles weiß, es genügt schon, um eine Diskussion zu entfachen und mir dann in der Diskussion wieder ein Bild zu machen, ob der recht hat oder ich, und damit wieder richtig entscheiden zu können. Das ist einfach praxisbezogenes Arbeiten. Ich glaube, Airlines, die vor lauter Management sechs Stockwerke getrennt sind von ihrem Produkt, haben da Probleme: Das sind ja doch sechs Filter, durch die die Informationen laufen. Wenn da der Chef hinausgehen und sich seinen Flieger anschauen würde, dann würde er sich wundern. Wenn er überhaupt beurteilen kann, wie der ausschauen soll, vielleicht kann er es gar nicht.

Schaffelhuber: Was würden Sie jungen Menschen raten: Sollen sie Sport treiben? Was ist für Sie der Hintergrund des Sports?

Lauda: Sport ist sicher die schönste Art, Geld zu verdienen, wenn es möglich ist. Wo ich gleichzeitig den Körper trimme und damit Geld mache. Wenn ich einen Beruf habe, der mit Sport verbunden ist, würde ich ihn wählen, ihn einem normalen vorziehen.

Schaffelhuber: Ist Sport hilfreich für die spätere Arbeit oder für das Leben? Hat er Ihnen geholfen?

Lauda: Mir auf jeden Fall: Wenn man es umsetzen kann, ja. Es gibt durchaus Sportler, die vielleicht in Teilbereichen ihrer Karriere erfolgreich waren, aber dann im Normalleben keinen Anschluß finden. Wenn sie nicht in der Lage sind, noch einmal von vorne anzufangen. Mir hat hier wenig geholfen, ob ich jetzt Autorennen fahren kann oder nicht. Du mußt wieder von vorn beginnen, neu lernen. Das Lenkrad drehen hat mir nichts geholfen. Das heißt, da gibt es sehr oft Fälle, wo die Leute dann immer noch an ihren vergangenen Leistungen im Sport hängen. Aber dann gehen sie unter.

Schaffelhuber: Das heißt, Sie waren nach Ihrer Karriere bereit, einfach noch einmal neu zu lernen?

Lauda: Man muß nach einem erfolgreichen Sportlerleben einen Challenge finden, der härter und schwieriger ist, damit man nicht zurücktrauert, aber gleichzeitig die Bereitschaft haben, wieder von vorne zu beginnen. Sich zu sagen: Das ist O.K., das ist abgeschlossen, jetzt fang ich halt da wieder neu an.

Schaffelhuber: Das heißt, man muß versuchen, neue Ziele, neue Herausforderungen zu finden, neue Motivationen zu schaffen?

Lauda: Richtig.

Schaffelhuber: Herr Lauda, vielen Dank für das Gespräch.

Mosaiksteine der Persönlichkeit

Was macht Golf und Tennis so interessant? Sicherlich ist es neben der sportlichen die persönliche Herausforderung. Im Sport geht es darum, seine persönlichen Grenzen kennenzulernen und zu überwinden. Grenzen, die ein Handicap 5 verhindern oder einen Tennis-Clubmeister-Titel. Die Grenzen werden durch Konzentrationsfähigkeit, Entspannung, Selbstbewußtsein und die Qualität der Wahrnehmung gesetzt. Offensichtlich können wir auf dem Weg des Sports Fähigkeiten erlernen, die wir in allen Lebensbereichen sehr gut gebrauchen können: hinzulernen, vorwärtskommen, sich entwickeln – dies alles ist im Sport enthalten. Das Kapitel »INNER-COACHING-Fähigkeiten« hat gezeigt, daß einen erfolgreichen Sportler dieselben Qualitäten auszeichnen wie den Manager der Zukunft. In der heutigen Arbeitswelt sind zum Beispiel immer mehr echtes Selbstbewußtsein, Ehrlichkeit und Kreativität von Bedeutung. Wenn in den achtziger Jahren noch sogenannte »How to do it«-Regeln gelehrt wurden, so sind heute die Persönlichkeit und die Ausstrahlung entscheidend. Das folgende Kapitel zeigt, wie die im INNER COACHING erfahrenen, geübten und im Training gefestigten Fähigkeiten im Beruf eingesetzt werden können.

Gelassenheit

Wie schafft es der Spitzenskiflieger, auf der größten Schanze der Welt ruhig zu bleiben und Höchstleistungen zu bringen? Wie bewältigt der Formel-1-Pilot die Situation, mit zweihundertneunzig Stundenkilometern auf eine Kurve zuzurasen? Warum wird der Weltklasse-Tennisspieler nicht schlechter, wenn bei einem Match im fünften Satz jeder Punkt ein Big-Point ist?
Wie behält der Golfspieler seine Konzentration, wenn er am 18. Loch aus zwei Metern putten muß, er gleichauf mit seinem Gegner steht und zweihunderttausend Dollar auf dem Spiel stehen?
Spitzenathleten haben gelernt, unter höchstem Druck Gelassenheit zu bewahren. Ruhig zu bleiben, wenn der Kopf sich meldet und alle möglichen Gedanken versuchen, vom Wesentlichen abzulenken. Wenn Zweifel möglich sind, aber auf keinen Fall gerade in diesem Moment stören dürfen. Ihre Strategie: volle Konzentration im Hier und Jetzt. Für den Skiflieger zählt nur noch die Anlaufspur und seine Vision des Fluges. Für den Formel-1-Piloten existiert außer der Strecke vor ihm nichts anderes mehr. Der Tennisspieler fixiert den Ball und vergißt seine Vergangenheit und Zukunft. Und für den Golfprofi besteht die ganze Welt aus dem Weg über das Grün und dem Loch – und sonst gar nichts.
Im Business entstehen ganz ähnliche Situationen. Ein aufstrebender Manager muß zum Beispiel vor seinen Vorgesetzten eine Rede halten, die über seine Zukunft in dieser Firma entscheidet. Tausenderlei Gedanken schwirren ihm durch den Kopf: Möglichkeiten, Chancen, Ängste, Details seiner Ansprache, Fetzen aus dem Privatleben und vieles andere. Auch für ihn gibt es eine Lösung, in diesem Moment sein Bestes zu leisten: das Erkennen von Verspannungen, der durcheinanderfliegenden Gedanken und dann das Eintauchen in die volle Konzentration. Er muß sich selbst wieder fühlen, sich bewußt in die Gegenwart zurück-

holen. Dazu kann er zum Beispiel ganz einfach mehrmals tief durchatmen. Die meisten kennen diese tiefen »Seufzer« und ihre entspannende Wirkung, doch diese Technik wird gewöhnlich erst nach der schwierigen, verspannenden Situation eingesetzt – das »Aufatmen« danach. Die gleichen Wirkungen kann man damit auch vor der Handlung erzielen: tief durchatmen, und los geht's.

Das ist der Weg:
- Erkennen der »Hektik« über Selbstbewußtsein
- Eintauchen in die Gegenwart: Konzentration entsteht

Gelassenheit ist trainierbar, vor allem über das Selbstbewußtsein. Die meisten Übungen des INNER COACHING haben die Konzentration im Hier und Jetzt und das Selbstbewußtsein zum Thema. Wer sich voll in der Gegenwart befindet, für den spielen Druck und Anspannung keine Rolle mehr, für den wird Gelassenheit zum selbstverständlichen Zustand.

Spezielle INNER-COACHING-Übungen zur Gelassenheit

Tennis-Übungen:	D 5
	F 9
	F 10
	H 4
	H 6
Golf-Übungen:	D 5
	E 12
	E 13
	H 4
	H 6

Spaß

Bei aller Ernsthaftigkeit, Seriosität, Genauigkeit, Sorgfalt und Gewissenhaftigkeit darf die andere Seite nie zu kurz kommen: die Freude, die Lust, der Spieltrieb und der Spaß. Alle Einsicht in die Mechanismen des Erfolges und in die Hintergründe der inneren Fähigkeiten wird zum einengenden Korsett, wenn ein Lächeln nicht mehr möglich ist.

Sportliche Höchstleistungen werden, sicher nicht zu Unrecht, meist mit höchster Anspannung (der Muskulatur etc.) und dem Willen, »immer sein Bestes« zu geben, verbunden. Dennoch spielt dabei der Spaß, die Entspannung, offenbar eine zentrale Rolle.

Weltklassesportler könnten all den Druck, die Anstrengungen und den Streß ihres nur auf den Beruf konzentrierten Lebens gar nicht aushalten, wenn sie nicht auch die Fähigkeit besäßen, wirklichen Spaß an »ihrer« Sache zu haben. Ohne Spaß keine Entspannung, ohne Entspannung keine Höchstleistung.

Martina Navratilova, Ende der siebziger und bis weit in die achtziger Jahre hinein die absolut dominierende Tennisspielerin an der Weltspitze, konnte ihre Sorgen und Zweifel sogar zwischen den Punkten »weglachen«. Erst nachdem sie diese Fähigkeit »gelernt« hatte, gelang ihr damals der endgültige Durchbruch. Auch bei Spitzengolfern wie Ian Woosnam, Nick Faldo oder Jack Nicklaus sieht man immer wieder, wie sie durch einen Scherz – zum Teil sogar mit den Zuschauern – sich gerade in kritischen Situationen wieder locker machen.

Ein besonderes Beispiel von »Spaß in der Leistung« bot Florence Griffith-Joyner bei den Olympischen Spielen 1988 in Seoul. Wie sie beim Hundert-Meter-Finale schon ab der Fünfzig-Meter-Marke lächelte, fast lachte, wird jedem, der es gesehen hat, in Erinnerung bleiben. Die Sprinterin, die zuvor nie über zweite und dritte Plätze hinausgekommen war, erklärte ihre Leistungsexplosion, die sie zum Fabel-Weltrekord von

10,49 Sekunden führte, so: »Erst als ich gelernt hatte, entspannt zu laufen, wurde ich wirklich schnell!«

Selbstverständlich macht es Spaß, Erfolg zu haben. Umgekehrt ist jedoch der Spaß auch die Voraussetzung für den Erfolg. Das gilt mit Sicherheit für alle Lebensbereiche: für den Sport, den Beruf, das Privatleben sowieso.

Bei allen unseren Interviews zum INNER-COACHING-Buch fiel mir auf, welche Einheit Ernsthaftigkeit und Spaß, Konzentration und Lockerheit bei den Gesprächspartnern bildeten. Keiner wollte mich unbedingt von seiner Meinung überzeugen, alle hatten vielmehr einfach Spaß, sich mitzuteilen – und überzeugten mich so.

Ganz besonders spürte ich dies bei unserem kreativen Nobelpreisträger und Erfinder Gerd (Düsentrieb) Binnig, der am liebsten ständig die bestehenden Spielregeln verändern würde, um so all den täglichen Ernst und die Starrheit in Kreativität umzuwandeln. Die Interviews mit ihm und mit allen anderen liefen, obwohl das Thema »Sport als Weg« sehr ernst genommen wurde, in einer völlig freien und lockeren Atmosphäre ab. Gerade diese erfolgreichen Menschen wissen einfach um die Bedeutung der entspannten Konzentration und des spielerischen Weitblicks. Alle Interview-Partner können es lustvoll laufen lassen, ohne zu großen Ernst, ohne Angst vor ihrer eigenen Spontanität.

Die Weisheit der »Erfolgreichen« drückt sich aus in einem problemlosen Sich-öffnen-Können, in einer hohen Gelassenheit anderen Ansichten gegenüber und einem sehr kreativen und dennoch einfachen Denken. Daß bei fast allen immer wieder das Wort »spielen« auftaucht, zeigt, wie diese Menschen das Leben und ihre Arbeit betrachten – sicher nicht als etwas unglaublich Ernstes und Schweres. Die häufige Benützung des Wortes »spielen« unterstreicht, mit welcher Unbeschwertheit sie oft an ihre gewiß nicht leichten Aufgaben herangehen. Mit jeder Lösung entsteht mehr Gelassenheit. Mit jedem mehr an Gelassenheit wächst die Chance für das innere Lächeln.

- Bijorn Borg - cind am intzt la el
[illegible]

> Jeder Tag, an dem du nicht lächelst,
> ist ein verlorener Tag.
>
> *Charles Spencer Chaplin*

Spezielle INNER-COACHING-Übungen zum Spaß
Tennis-Übung: H 1
Golf-Übung: H 1
(Grundsätzlich steckt in allen INNER-COACHING-Übungen viel Spaß!)

Geduld

Was ist Geduld? Geduld heißt abwarten können, loslassen, vertrauen – den Erfolg erfolgen lassen. Ungeduld entspringt aus zu viel Wollen und dem ständigen Blick in die Zukunft, in die Richtung von Ergebnissen. Wer zuviel in zu kurzer Zeit will, verliert leicht die Geduld. Damit verbunden sind innere Unruhe, Hektik, Anspannung und Rastlosigkeit. Wer die Geduld verliert, kann nicht gelassen sein.

Es kommt, wie es kommt

Im Tennis heißt Geduld zum Beispiel, auf den Fehler des anderen warten zu können, um ein Spiel zu gewinnen. Das Vertrauen in sich zu haben, daß die Vorhand nach drei Fehlversuchen dennoch stark ist und zum Beispiel technisch nichts verändert werden muß. Die Konzentration erwarten zu können – sie läßt sich nicht erzwingen. Sie kommt, wenn man bereit ist, sie geht, wenn man sie unbedingt festhalten möchte. Im Golf kann es heißen, sich auch durch einen Rückstand von drei Schlägen nicht aus der Ruhe bringen zu lassen und geduldig sein Spiel weiterzuspielen – man muß den Rückstand nicht sofort, mit den nächsten Löchern aufholen. Im Business bedeutet Geduld, etwas wachsen zu lassen – eine Entscheidung, ein Projekt, eine Idee, ein Team. Man muß Lösungen nicht unnatürlich beschleunigen.

Vielleicht leben wir in einem Zeitalter der »Überdüngung«: Alles muß sofort passieren. Pflanzen werden in immer kürzerer Zeit hochgezüchtet, Tiere in Tagen marktreif gemästet, Entscheidungen immer schneller getroffen – oft kurzsichtig und oberflächlich. Man kann und sollte aber abwarten, bis etwas gereift ist, bis sich das Wesentliche herausschält. Sich Zeit lassen: zum Essen, zum Überlegen, zum Spielen, zum Handeln – der Schritt zurück zum natürlichen Wachstum.

Grundsätzlich ist Entspannung, also ein ruhiger Geist, ein nützlicher Partner, um geduldig zu bleiben, nicht aus dem Gleichgewicht zu rutschen. »Einen langen Atem haben« ist nichts anderes, als gelernt zu haben, mit seinen Gedanken ausdauernder umzugehen. Ausdauer und Beharrlichkeit sind Ergebnisse des inneren Trainings und helfen, Situationen erfolgreich zu meistern.

Selbstverständlich kann nur derjenige mit anderen Geduld haben, der sie auch für sich oder in sich hat. Wer selbst schnell unruhig und eng wird, hat kaum die Möglichkeit, mit anderen abwartend und geduldig zu sein. Als Coach braucht man diese Fähigkeit, um nicht immer alles sofort verbessern zu müssen: Geduld gibt einem die Möglichkeit, Reifungsprozesse zu erkennen, zuzulassen und zu fördern.

Im Business braucht man Geduld in zahlreichen Situationen. Hat man zum Beispiel einen Kunden, der unentschlossen eine Entscheidung vor sich her schiebt, ist sicher Geduld förderlich – wer den Unentschlossenen zu sehr drängt, wird ihn eher abschrecken als gewinnen. Auch im Team führt Geduld langfristig zum Erfolg. Macht ein Mitarbeiter, vielleicht aufgrund mangelnder Erfahrung, einen »Fehler«, sind Ausdauer und Vertrauen gefragt. Jeder Mensch lernt, wenn er will – am besten in einer entspannten Atmosphäre. Wenn aber Mitarbeiter oder Vorgesetzte ungeduldig werden, ist ein Lernprozeß, ein »sich verbessern«, nicht möglich.

Grundsätzlich wird bei allen INNER-COACHING-Übungen zur Konzentration die Fähigkeit, geduldig zu sein, gefördert. Nur wer von Erwartungen und Ergebnissen losläßt, kann sich konzentrieren.

> Ein Augenblick der Geduld kann vor großem
> Unheil bewahren, ein Augenblick der Ungeduld
> ein ganzes Leben zerstören.
>
> *Chinesische Weisheit*

Spezielle INNER-COACHING-Übungen zur Geduld

Tennis-Übungen:	H 2
	L 1
	L 2
	L 3
Golf-Übungen:	H 2
	K 1
	K 2
	K 3

Zielen und Loslassen

Grundsätzlich ist die Orientierung auf ein klares Ziel von entscheidender Bedeutung für den Erfolg. Nur wer gelernt hat, seine Energie in sinnvolle Bahnen zu lenken, kann vorwärtskommen. Wer es nicht versteht, seine Gedanken und somit sein Handeln auf ein Ziel auszurichten, wird nur zufällige Resultate erzielen. Aber das Ziel allein garantiert noch nicht den Erfolg. Auf dem Weg dorthin ist es notwendig loszulassen: vom unbedingten Wollen, vom Ehrgeiz, vom Ergebnis.

Spielen wir im Tennis lange genug exakt auf ein Ziel, zum Beispiel einen Plastik-Kegel, so kann es passieren, daß man sich in einen erstaunlichen Trance-Zustand der Konzentration hineinspielt, bei dem der Zusammenhang von Zielen und Loslassen klar wird.

Diesen bemerkenswerten Zustand erreichte ich mit einem meiner Schüler. Er war zum damaligen Zeitpunkt Nummer 230 in der Weltrangliste. Wir übten Vorhand cross auf einen circa dreißig Zentimeter großen Kegel. Nach der Einspielphase trafen wir beide unglaublich oft – fast mit jedem zweiten oder dritten Ball. Wie magisch wurden die Bälle angezogen, der Schläger spielte wie von selbst. Nach ungefähr 20 Treffern auf beiden Seiten konnten wir es beide nicht mehr »fassen«: Ein Lachanfall riß uns aus der »Trance«. Was gerade passiert war, war nicht der »normale« Zustand der zielorientierten Bemühungen. Es war vielmehr der Zustand des sich verselbständigten Treffens. Als wir die Ergebnisse wiederholen wollten, war es wie immer: Der Ball flog ständig knapp am Ziel vorbei, die Hand und der Kopf korrigierten permanent, das Gefühl war der Kontrolle untergeordnet. Doch nach weiteren fünf bis zehn Minuten passierte »es« erneut: Die Hände waren wieder ruhig, der Kopf zielorientiert teilnahmslos – der Ball traf. Diesen Zustand konnten wir nun beide länger halten, da uns das Ergebnis nicht mehr so erstaunte.

Diese Stunde war absolut außergewöhnlich. Mir selbst wurde durch dieses Erlebnis die Fähigkeit der absichtslosen Konzentration noch bewußter. Ich hatte erlebt, wie es ist, auf ein Ziel konzentriert zu sein, ohne es unbedingt zu wollen. Mir wurde so das »absichtslose Treffen« vollkommen klar.

Es stellt sich die Frage, ob es im Business ebenfalls ein »absichtsloses Treffen« gibt. Kann man ein Geschäft anvisieren, ohne permanent zu kontrollieren, an das Ergebnis zu denken? Ich bin fest davon überzeugt. Erfolgreiche Menschen im Geschäftsleben kennen diesen inneren Mechanismus und nutzen ihn. Sie streben etwas an, ohne es zu sehr zu wollen. Sie sind in der Lage, etwas mit der Gewißheit, bei ausreichender Geduld und ohne zu hohe Erwartungen ans Ziel zu gelangen, zu beginnen.

Gerade eine kreative Höchstleistung ist nur dann möglich, wenn man seine Absichten weit steckt und genügend Spielraum läßt. Die Orientierung auf ein Ziel, gepaart mit Loslassen und Ausprobieren, führt zu neuen Möglichkeiten. Wer es gelernt hat, zu zielen und gleichzeitig loszulassen – also entspannt und locker zu bleiben –, wird mit hoher Wahrscheinlichkeit Erfolg haben.

Spezielle INNER-COACHING-Übungen zu Zielen und Loslassen

Tennis-Übungen:	C 1
	I
	K
	L 1
	L 2
	L 3
Golf-Übungen:	C 1
	C 3
	G 1
	G 2
	I
	K

Energie

Wille und Energie

Das beste Beispiel für einen grenzenlosen Willen im Tennis ist mit Sicherheit Boris Becker. Für ihn wird das Siegen-Wollen oft zu einer fast unerschöpflichen Energiequelle. Wer wollte nicht über einen solch »eisernen«, »unbeugsamen« Willen verfügen, im Beruf zum Beispiel? Vor allem, wenn es darauf ankommt. Denn auch Boris Becker steht nicht immer die gleiche Energie zur Verfügung: Wie viele Matches hat er schon abgegeben, ohne diesen Willen zu zeigen.

Woher kommen diese Schwankungen? Was bringt einen auf das höchste Willens- und dadurch Energie-Niveau? Es ist das Interesse an der Sache. Nur wenn man wirklich hundertprozentig an etwas interessiert ist – wenn das Motiv stark genug ist –, können Energie und Wille ebenfalls auf das höchste Niveau emporsteigen.

Wo aber kommt das Interesse her? Vor allem aus einem klaren Selbstbewußtsein – man beginnt zu spüren, wo der eigene Weg hingehen könnte. Man bekommt erst dann ein Feeling für das eigene Potential, wenn man sich darüber im klaren ist, was in einem steckt – welche Talente man besitzt und welche Fähigkeiten man ausbauen will. Ganz am Anfang steht also das Verlangen, sich seiner selbst bewußt zu werden. Das so erneuerte und gesteigerte Selbstbewußtsein hilft, die Frage zu beantworten, wohin man will und was man will – Ziele entstehen. Eine so gefundene Orientierung erzeugt eine noch festere Entschlossenheit und dadurch eine noch stabilere Energie.

Für das Geschäftsleben bedeutet das, daß man sich auch hier eigene Ziele schaffen muß. Nur dann ist ein wirklich voller Einsatz möglich, nur dann kann man seine schlummernden Kräfte mobilisieren. Allerdings sind im Berufsleben nicht immer alle Ziele von höchstem Rang. Auch ein Weltklasse-Athlet kann nicht ständig Höchstleistungen bringen, auch er muß mit seiner

Energie haushalten und unterteilt in Wichtiges und weniger Wichtiges. Wenn es darauf ankommt, wenn Ziele höchster Priorität anstehen, sollte der beste Wille zur Verfügung stehen. Diesen zu mobilisieren, kann man lernen!

Druck und Energie

Speziell im Sport kann man gut erkennen, daß ohne »Druck« keine sehr hohen Leistungen möglich sind. Sehr gute Mannschaften sind zum Beispiel vor allem unter hohem Druck zu außergewöhnlichen Leistungen fähig. Druck ist also eine Grundvoraussetzung für Energie und Leistung. Im Sport wird auch deutlich, daß zuwenig Druck oft mittelmäßige Leistungen nach sich zieht.

Wenig Druck	– Unterdruck; Unachtsamkeit und Langeweile können die Folge sein
Viel Druck	– Leistung und Energie wird erzeugt
Zu viel Druck	– Überdruck; Streß, Verspannungen und innere Ablehnung drohen

Druck kann aus einem selbst oder von außen kommen. Zu hohe Zielsetzungen bauen zu hohen inneren Druck auf, Macht, Kontrolle und Hierarchien erzeugen ungesunden Druck von außen. Beides führt zwangsläufig zu Verkrampfungen und Ängsten. Aber auch sinnvoller Druck kann von innen und außen aufgebaut werden. Manche Sportler erzählen zum Beispiel offen und frei, daß sie neue Weltrekorde anstreben. Sie erzeugen einen inneren Druck, können ihn aber nutzen, da sie glauben, ein realistisches Ziel zu haben. Sie spüren diesen Druck als Herausforderung. Derselbe Mechanismus kann auch von außen greifen. Ein Coach baut durch herausfordernde Ziele Druck bei seinem Schüler-Partner auf, ein Chef tut dasselbe mit seinen Mitarbeitern.

Druck produziert Energie

Um die eigene Energie zu erleben, empfehlen sich alle INNER-COACHING-Übungen zur Entspannung.

Spezielle INNER-COACHING-Übungen zur Energie

Tennis-Übungen:	E
	D 1
Golf-Übungen:	D 1

Flexibilität

Offensichtlich ist in jedem Sport ein hohes Maß an Flexibilität notwendig. Als Tennisspieler bekommt man jedesmal neue Partner mit einer anderen Technik. Auch die äußeren Bedingungen sind nie gleich: Sonne, Regen, Wind, Staub, Nässe, Bodenbelag, Lärm, Publikum und Schiedsrichter. Der Golfer muß sich ständig auf die unterschiedlichsten Plätze einstellen, der Autorennfahrer auf verschiedene Strecken und die immer neue Technik unter der Motorhaube, der Fußballer auf andere Mannschaften, Gegenspieler, eine verwirrende Taktik. Auf all diese wechselnden Faktoren sollte man so perfekt als möglich reagieren können, will man erfolgreich sein. Wer dazu nicht in der Lage ist, wer also ständig denselben Stil, dieselbe Art, dieselbe Strategie anwendet, begrenzt sich selbst. Wer aber gelernt hat, flexibel zu denken und zu handeln, kann nie überrascht werden. Das hat nichts zu tun mit passiver Anpasserei. Der »Anpasser« läßt sich von der Situation bestimmen. Der Flexible dagegen bestimmt auf immer neue, passende Art die Situation.

Greift uns also ein Gegner an, verteidigen wir – oder gehen selbst zum Angriff über. Beschleunigt der Gegner, nehmen wir das Tempo heraus – oder geben selbst »noch mehr Gas«. Die Voraussetzung für flexibles Handeln ist die konzentrierte Wahrnehmung der Situation. Nur wer genau mitbekommt, was passiert, kann entsprechend reagieren.

Wer flexibel ist, ist jederzeit bereit, auszuprobieren, zu lernen oder zu verlernen – um Neues zu erfahren. Unflexible Menschen sind meist starr und beharrend und deshalb nicht fähig, »Neues« zu entdecken. In deren Büros gelten meist folgende Maximen:

- Das haben wir schon immer so gemacht!
- Das haben wir noch nie so gemacht!
- Da könnte ja jeder kommen!

Flexibilität im Business hat drei Schwerpunkte: Ansichten,

Ziele und die Wege dorthin. Ein Chef sollte diese Fähigkeit für sich und für seine Mannschaft anwenden können. Wer heutzutage erfolgreich sein will, muß mit ständig wechselnden Situationen, »Wahrheiten« und Bedingungen umgehen können. Was heute noch stimmt, kann morgen schon sehr ungünstig sein – und umgekehrt. Flexibilität in der Gedankenwelt bedeutet, die Ansichten immer wieder zur Disposition zu stellen, sie zu diskutieren und einem Entwicklungsprozeß zu unterwerfen. Vorgefaßte, endgültige Meinungen lähmen die Energien der Team-Mitglieder und verhindern Kreativität. Auch Ziele müssen flexibel gehandhabt werden. Herausfordernd können nur neue, »zeitgemäße» Ziele sein. Dazu gehört ein ständiges gemeinsames Suchen und Überprüfen. Die Wege zu diesen Zielen sind vielleicht dem schnellsten Wandel unterworfen. Technischer Fortschritt, verbesserte Kommunikation und die steigenden Fähigkeiten der einzelnen Mitarbeiter ermöglichen innovative, erfolgreichere Wege. Die Arbeit im Team wird von Tag zu Tag bedeutungsvoller, ein flexibles Miteinander immer wesentlicher.

Wenn das Unternehmen nicht mit der Zeit geht,
geht es mit der Zeit.

R. E. Eichholz

Ökonomie und Gleichmäßigkeit

Die Ökonomie

Aufwand und Ertrag, Input und Output, in einem vernünftigen Verhältnis: Das ist Ökonomie. Das Verhältnis der investierten Energie zum Ergebnis, das erreicht wird, sollte immer auf einer natürlichen und gesunden Basis stehen. Zuviel Aufwand führt zu Ermüdung und Erschöpfung, zuwenig zu Ziellosigkeit und Desinteresse.
Im Sport kann man ausgezeichnet erleben, wie ein Mißverhältnis von Aufwand und Ertrag entsteht und wie es sich auswirkt. Ist die Anstrengung zu groß, verwendet man beispielsweise bei einem Golfabschlag zuviel Kraft, können sich Verkrampfungen, Blasen an den Händen und dadurch immer schwächer werdende Leistungen ergeben. Eine unökonomische Spielweise führt zwangsläufig zu Konzentrations- und Energieverlust.
Das gilt natürlich nicht nur im Sport: Auch im Business ist man denselben Gesetzen und Mechanismen unterworfen. Im Beruf kann der Ertrag trotz großer Anstrengung, eben durch *zu* viel Arbeiten, immer geringer werden – langfristig droht ein geistiger »Burn-Out«. Im Privatleben kann zu geringer Aufwand bedeuten, sich zuwenig um seinen Partner zu kümmern. Das Ergebnis: Die Harmonie gerät aus dem Gleichgewicht.
Sich immer besonders anzustrengen bei allem, was man tut, ohne Rücksicht auf Verluste, ist ein möglicher Weg – aber vielleicht nicht der gesündeste und erfolgreichste.

Die Gleichmäßigkeit

Ökonomie ist eine Grundvoraussetzung für Gleichmäßigkeit. Durch tägliches Training entsteht diese Fähigkeit, die eine konstant hohe Leistung erst ermöglicht.

Nur wer gleichmäßig denkt, kann auch gleichmäßig handeln.
Nur wer gleichmäßig übt, schafft sich Freiräume.

Gleichmäßigkeit bedeutet keineswegs Einförmigkeit und Langeweile, das Ende der Kreativität. Sie schafft vielmehr erst den Freiraum, wirklich kreativ werden zu können. Gleichmäßigkeit ist der Anfang, sich von zu großen Schwankungen zu befreien und so Schritt für Schritt vorwärtszukommen.

> *Es gibt sicher keinen, der sich nur auf sein Talent verlassen kann. Das gehört gefördert, das gehört ausgebaut, das gehört animiert. Das ist so wie bei einem Maler. Ein Maler ist ja auch nur gut, wenn er regelmäßig malt. Es gibt ja keinen, der einmal malt und dann non plus ultra ist. Talent muß einfach mit Übung gefördert werden.*
>
> *Niki Lauda*

Für Reinhold Messner ist die absolute Gleichmäßigkeit die Voraussetzung, Achttausender ohne Sauerstoff zu besteigen oder die Eiswüste der Antarktis zu bezwingen. Ihm ist es gelungen, jegliche geistige und körperliche Schwankung zu vermeiden. Der Wechsel von Höhen und Tiefen dagegen führt automatisch zu unzuverlässigen Ergebnissen – am Berg, im Sport und im Beruf.

Ein altes Tennis-Sprichwort sagt: »Jeder ist nur so gut wie sein zweiter Aufschlag.« In diesem Satz steckt sehr viel Wahrheit. Wer in der Lage ist, diesen Schlag konstant und plaziert zu schlagen, hat die Angst vor Fehlern bereits im Griff. Wer schon beim zweiten Aufschlag Zweifel und Ängste hat, wird auch die nächsten Bälle nicht frei und ausgeglichen spielen können. Der Weg, der zu einem gleichmäßigen Aufschlag führt, ist die tägliche, regelmäßige Übung. Dieses Training führt zu gleichmäßigem Denken, oder besser ausgedrückt zum »Nicht-Denken«. Der Aufschlag ist in diesem Fall auch nur ein »Sichtbar-Werden« der eigenen Einstellung. Gleichmäßigkeit ist also der äußere Ausdruck von innerer Konstanz. Im Business bedeutet

Gleichmäßigkeit im Grunde nichts anderes als im Sport. Hier wie dort werden dic täglichen Aufgaben bewußt gleichmäßig, also diszipliniert erledigt. Auch die Routine kann mit gleichmäßiger Konzentration bewältigt werden! Andernfalls schleichen sich schnell Schlampereien ein, Fehler passieren. Mit einer konstanten Konzentration schafft man sich auch bei scheinbar unbedeutenden Aufgaben tägliche »Mini-Erfolge«, das Selbstvertrauen in die eigene Arbeit wächst, man erlebt sich selbst als verläßlich – man weiß, daß man sich selbst trauen kann.

Schafft man es erst einmal, bei Routine-Angelegenheiten mit konzentriertem Engagement zu arbeiten, ist der Schritt zum hohen Niveau im »Business-Wettkampf« nur noch klein. Das Erfolgsrezept in Sport und Beruf ist es, über einen längeren Zeitraum immer ein bißchen mehr als die anderen zu machen und dabei nicht nachzulassen. Nicht fünf Traumbälle und danach sieben leichte Fehler, nicht dreieinhalb Tage Höchstspannung und sich dann auf den Erfolgen ausruhen, sondern das ganze Match Punkt für Punkt konstant durchzuhalten – das bringt einen in der Weltrangliste nach oben.

Spezielle INNER-COACHING-Übungen zu Ökonomie und Gleichmäßigkeit

Tennis-Übungen:	B 1–5
	C 1–5
Golf-Übungen:	B 1–5
	C 1–7

Balance

Ein wesentlicher Faktor für Leistung, der bisher weder im Sport noch im Berufsleben die entsprechende Beachtung fand, ist die Balance. Man kann dabei zwischen dem körperlichen Gleichgewicht und der geistigen Balance unterscheiden, auch wenn beide natürlich eng miteinander verbunden sind. Zur Veranschaulichung der Zusammenhänge ist diese Trennung jedoch zunächst durchaus sinnvoll.

Balance heißt Ausgewogenheit – ein Gleichgewicht im Inneren, zum Beispiel zwischen Körper, Geist und Seele, das auch außen sichtbar werden kann. Vieles im Sport hat mit der körperlichen Balance zu tun. Ein langes und bewußtes Training führt im Sport zu ausgewogenen, runden und »gesunden« Bewegungen. Das Gefühl für den Körperschwerpunkt, der Gleichgewichtssinn, spielt eine wichtige Rolle dabei.

Erfolgreiche Sportler befinden sich dann, wenn es darauf ankommt, aber körperlich *und* geistig in der Mitte. Ihre Anspannung ist weder zu hoch noch zu niedrig, ihre Bewegungen sind im Einklang mit den Anforderungen, ihre Konzentration ist »auf den Punkt« gebracht. Beim Coaching mit Sportlern hat sich gezeigt, daß ausgewogene Gedanken zu ausgewogenem Handeln führen. Ruhe im Inneren führt zur Ruhe im Äußeren, die Bewegungen sind der Spiegel des Inneren. Ein guter Coach kann sehr schnell erkennen, ob sich ein Mensch in seiner Mitte befindet oder nicht.

Diese Balance kann man trainieren. Zunächst muß immer das innere Gleichgewicht gefunden werden. Ein Training allein der Körperbeherrschung bleibt ohne »Beherrschung« der Gedankenwelt immer unvollständig und oberflächlich. Erst durch das Bewußtmachen, das volle Erleben der geistigen und körperlichen Balance bekommt der Spieler ein Feedback seines Zustandes. Je mehr jemand also sein persönliches Ungleichgewicht erleben kann, um so schneller kann er reagieren, wenn es darum geht, das Gleichgewicht wiederzuerlangen. Man erlebt, weshalb man stolpert, wo die Ecken, die Energie kosten, herkommen, und versucht, über eine neue Ausbalancierung zur Mitte zurückzufinden.

Wir verwenden im INNER COACHING viele Übungen zum Training der Balance. Ein balancierter Spieler kann, das wurde immer klarer, erfolgreicher handeln. Erst aus der Balance ist auch die Entwicklung einer sinnvollen Ökonomie möglich, die den Einsatz der Kräfte steuert – die einen in die Lage versetzt, balanciert mit den Energien umzugehen. Ohne Stolpern, Rutschen, Wackeln oder Hinfallen.

Zur geistigen Balance gehört der harmonische Umgang mit den zeitlichen Ebenen: der Vergangenheit, der Zukunft und der Gegenwart. Um zeitlich im Gleichgewicht zu bleiben, sollte man eine klare Strategie haben. Eine Strategie der Trennung: Analyse dann, wenn sie nötig ist. Sich mit der Zukunft beschäftigen und planen, wenn »Zeit« dafür ist. Sich im Hier und Jetzt befinden, wenn es passiert.

Im Sport lernt man, balanciert und harmonisch zu sein. Wer einmal über den Sport seine innere und äußere Mitte gefunden hat, wird sie immer wieder finden.

Spezielle INNER-COACHING-Übungen zur Balance

Tennis-Übungen: G 1–10
Golf-Übungen: F 1–11

Überblick

Beim Abschlag im Golf kann ein bewußter Spieler klar sehen, wo die optimale Stelle ist, den Ball zu plazieren. Er kann sehen, wo Bunker liegen, wo das Gras hoch ist, wo der Wald beginnt und wie weit das Seeufer vom Fairway entfernt ist. Derjenige, der sich noch über sein letztes Loch ärgert, wird diese Situation so kaum wahrnehmen. Dieser »unbewußte« Spieler wird wahrscheinlich auch seinen nächsten Ball ungünstig plazieren – ein »herrlicher« Golftag ist programmiert. Wer sich darauf konzentriert, den Überblick nicht zu verlieren, wird sich in Ruhe einen optischen Eindruck von der gesamten Situation verschaffen können. Er kann mit sich selbst beratschlagen und entscheiden, wohin er den nächsten Ball schlagen will. Wie oft passiert es aber, daß wir, aus welchem Grund auch immer, diesen ruhigen und gelassenen Überblick verlieren. Daß aus dem Überblicken nur noch ein kurzes Hinschauen wird – ein Hinschauen ohne Speicherung, ein Handeln ohne die Sicht aufs Ganze.

Im Tennis ist das Verlieren der Überblicks-Konzentration natürlich ebenfalls von großem Nachteil. Meist entsteht aus einem hektischen Spielen ein noch hektischeres Hinsehen. Das Ergebnis sind schlecht plazierte Schläge, nicht getroffene Bälle und Orientierungslosigkeit auf dem Platz. Im Einzel, mehr noch im Doppel, ist die Übersicht von entscheidender Bedeutung: zu sehen, wo die Gegner Schwächen haben, wo freie Räume sind und wo Zeit ist, sich für die nächsten Bälle etwas vorzunehmen. Guter Überblick verlangt dreierlei: den Raum sehen, die Zeit erleben, Gegner und Partner wahrnehmen. Es bedeutet das Umschalten auf verschiedene Konzentrationsebenen. Umschalten von »Ball sehen« zu »den Gegner beobachten«, von »den freien Platz sehen« zu »loslassen von zu vielen Gedanken«. In der Vollendung bedeutet es, das Entscheidende im entscheidenden Moment wahrzunehmen. Das setzt voraus, Strukturen zu erkennen, bestimmte Abläufe ganzheitlich zu erleben: So wie der Schachspieler mit einem Blick auf das Brett die Struktur erkennt, so wie der Weltklasselibero im Fußball Situationen voraussieht. Es bedeutet ein räumliches Wahrnehmen: ein 3-D-Sehen und ein bildhaftes 3-D-Denken. Es kommt darauf an, für die gesamte Situation einen Sinn zu entwickeln, der die Konzentration auf das Wesentliche lenkt. Vielleicht nennen wir ihn ganz einfach den »Überblicks-Sinn«.

Diesen Sinn gilt es zu schulen: durch Bewußtsein und durch Training. Hat man diesen Sinn ausreichend geübt, so reicht meist nur ein kurzer Blick, und man weiß, was zu tun ist. Man kann das Unwesentliche erkennen und aussortieren und sich dem Wesentlichen zuwenden.

Im Geschäftsleben bedeutet die Überblicks-Konzentration eine fortwährende Orientierung an den wirklich wichtigen Dingen. Zu wissen, welche Ziele erfolgversprechend sind, zu erkennen, welche Wege in die Sackgasse führen, aus der Vielfalt der Informationen die wichtigsten herauszufiltern. Es bedeutet, bei entscheidenden Verhandlungen Gesprächsspielzüge möglichst schnell zu erkennen, um die Taktik darauf abstimmen zu können.

Eine Pause im richtigen Moment verschafft einem die Möglichkeit, den Überblick wiederzufinden. Eine Frage im richtigen Moment holt die Mitarbeiter wieder in die (Überblicks-) Konzentration zurück, um effektiv weiterarbeiten zu können.

Gelassenheit ist die Grundlage des Überblicks, die Panik sein Gegner. Viel zu oft verliert man die Ruhe und dadurch das Gespür für die entscheidenden »Spielzüge«. Mit innerer Ausgeglichenheit und tiefer Konzentration erhält man jedoch die Chance, auch in hektischen Situationen die Weichen so zu stellen, daß der Unternehmenszug erfolgreich losdampft.

Disziplin

Um im Sport erfolgreich zu sein, ist ein hohes Maß an Disziplin erforderlich. Wer sich täglich übt, die Ernährung bewußt wählt, das Krafttraining und die Waldläufe regelmäßig absolviert, kann seine Wettkampfleistung näher an seine Grenzen heranführen. Der Spitzensportler führt deshalb ein sehr geregeltes, zielstrebiges und diszipliniertes Leben. Alles ist vom Erfolg bestimmt.
Ein Top-Athlet nimmt sich etwas vor und macht es dann auch. Was er sich vornehmen will, bespricht er mit seinem Coach, gemeinsam versucht man, herausfordernde Ziele zu finden: die Nummer 1 der Weltrangliste, einen Weltrekord oder die Deutsche Meisterschaft. Der Weg zum Ziel – Trainingspläne, Saisonplanung und wesentliche Inhalte – wird anschließend ebenfalls in Zusammenarbeit mit dem Coach festgelegt.
Im Business leben bisher nur sehr wenige Menschen so konsequent wie die besten Sportler. Im Geschäftsleben sind die Anforderungen jedoch manchmal ebensohoch wie im Spitzensport – optimale Leistung ist gefragt. Auch ein Top-Manager sucht sich klare, herausfordernde Ziele – beherrschende Marktposition, deutliche Umsatzsteigerung, Aufstieg auf der Karriereleiter. Den Weg dorthin beschreitet er ebenso diszipliniert. Wer sich also zu einer hohen Disziplin entschlossen hat, wird das Resultat fast unmittelbar spüren: anspruchsvollere Aufgaben, mehr Verantwortung, mehr Einfluß.
Disziplinierte Menschen sind sich immer über ihre Absichten im klaren: Was will ich? Wohin will ich? Wie schnell will ich nach x oder y? Was mache ich täglich, um ans Ziel zu kommen? Alle diese Fragen kann jemand mit Disziplin ohne Mühe beantworten. Wer sich etwas vornimmt und es nicht verwirklicht, hat oft diese Klarheit nicht – meist ist das der Grund für sein Steckenbleiben, sein Scheitern.

Disziplin und Loslassen

Wenn ich ganz ehrlich bin, habe auch ich zumindest Phasen, wo ich völlig undiszipliniert bin. Die sollten nicht zu lange sein, aber es gibt Phasen, wo ich kaum trainiere, wo ich viel esse und trinke – einfach alles mache, was eben ungesund ist. Ich kriege dann aber relativ schnell wieder das Gefühl für diese innere Stimme, wo ich sage: »Mensch Junge, das geht jetzt aus dem Ruder!« Ich kann danach eigentlich mit viel mehr Kraft arbeiten, als wenn ich diese Ruhephasen nicht gehabt hätte.

René Jäggi

Selbstverständlich kann und muß man nicht ununterbrochen diszipliniert sein. Man sollte es sein, wenn man will und wenn man es braucht.

Hohe Disziplin im Kleinen wie im Großen läßt ein enormes Selbstvertrauen wachsen. Aus einem disziplinierten Leben erwächst ein natürliches Selbstvertrauen. Auch kleine Ziele, konsequent verfolgt, verschaffen einem aufbauende Erfolgserlebnisse.

Ein Weg, die eigene Disziplin zu fördern, kann ein persönlicher Kalender sein. Tägliche Punkte, die es zu erledigen gilt, werden notiert und bei Erfolg abgehakt. Unangenehme Dinge werden als unangenehm erkannt, notiert und unabhängig von Umständen erledigt. Ob es nun darum geht, täglich die Post zu bearbeiten, oder darum, seine Unpünktlichkeit in Zuverlässigkeit zu verwandeln. Die so geschaffene Neuordnung birgt enorme Chancen: weniger statt mehr Belastung, Freiräume, sogar Entspannung.

Disziplin hat bei vielen heute immer noch einen negativen Klang. Dieser Klang stammt aus einer Zeit, da Disziplin Unterordnung meinte, Zwang und Gehorsam. Heute bezeichnet Disziplin eine innere Fähigkeit, die man selbst bestimmt – man entscheidet sich dafür freiwillig.

Auch Konzentration funktioniert nicht ohne Disziplin. Sich konzentrieren heißt ja, sich eine einzige Sache vorzunehmen und bei dieser Sache zu bleiben – im Kleinen wie im Großen. Bei der Konzentration richtet sich die Disziplin auf ein Detail, im Leben hat sie Einfluß auf das Ganze.

Ben Hogan

»Während der ersten Runde der Rochester Open von 1941 brachte es Ben Hogan auf einen Rekord-Score von 64 Schlägen. Er hatte zehn Birdies erzielt, doch der Unglückliche spielte am 17. Loch eine 6 anstelle einem Par 4. Als ich zu meinem Auto hinausging, um nach Hause zu fahren, bemerkte ich dort draußen einen Übereifrigen, der noch zu später Stunde am Übungs-Tee mit dem Holz trainierte. Ich mußte nicht erst erraten, daß das Hogan war. ›Mensch, was hast du nur vor‹, fragte ich ihn, ›du hattest heute zehn Birdies.‹ Ben warf mir einen seiner todernsten Blicke zu. ›Weißt Du, Jimmy, wenn ein Mensch zehn Birdies spielen kann, gibt es keinen Grund, warum er nicht auch 18 erzielen kann.‹«

Jimmy Demaret, Golfprofi, in »My Partner, Ben Hogan«

Spezielle INNER-COACHING-Übungen zur Disziplin

Tennis-Übungen:	A 1–6
	H 7
	I
	L
Golf-Übungen:	A 1–5
	H 7
	K

Siegen und Gewinnen

Im Untertitel dieses Buches wird etwas versprochen: »Gewinn durch Konzentration«. Könnte es auch heißen »Sieg durch Konzentration«? Gibt es einen Unterschied zwischen gewinnen und siegen?

Was bedeutet siegen? Meist besser sein, erster sein, einen anderen besiegen. All diese Ziele sind natürlich sinnvoll und legitim – die gesamte Welt des Sports dreht sich darum. Ranglisten werden veröffentlicht, Sieger abgebildet, Preise vergeben. Ein amerikanischer Trainer sagte einmal: »Siegen ist nicht das Wichtigste. Es ist das Einzige.« Der Weltklasse-Tennisspieler Ivan Lendl sieht es genauso: »Was zählt, ist einzig und allein der Sieg.« Top-Athleten müssen so denken, um sich im Spiel um Sieg und Niederlage zu behaupten. Als Grundeinstellung für das Leben ist diese Betrachtungsweise diskussionsfähig.

Zunächst sollte man, um siegen zu können, auch das verlieren gelernt haben. Manche schaffen es nie, andere durchlaufen diesen persönlichen Reifungsprozeß sehr schnell und intensiv.

Im INNER COACHING reden wir immer häufiger vom Gewinnen statt vom Siegen. Nicht der Vergleich mit anderen, das »besser sein« zählt, sondern der persönliche (Zu-)Gewinn: an Einstellungen, Einsichten und Fähigkeiten. Der Sieg ist morgen schon vergessen, der Gewinn bleibt. Das eine ist ein äußerlicher Wert, der in unserer Gesellschaft beklatscht, bejubelt und belohnt wird; das andere ist inneres Wachsen, das Zufriedenheit, Ruhe und Souveränität hervorbringt.

Der Maßstab des Siegens wird vom Gegner vorgegeben, von Zeiten, Weiten und Punkten. Fürs Gewinnen steckt man sich die Maßstäbe und Ansprüche selbst: Ich will besser sein als zuvor, selbst mehr leisten, mich entwickeln. Die Persönlichkeit und das Selbstbewußtsein sind angesprochen, die inneren Werte. Ob etwas erfolgreich oder nicht erfolgreich ist, entscheidet man ganz allein – es ist nicht von anderen beeinflußbar.

Vom Gewinnen zum Siegen

Wer am Gewinnen arbeitet, kann zum Sieger reifen. Zuerst muß im Inneren ein Zugewinn erfolgen, wenn außen ein Sieg errungen werden soll. Erster sein zu wollen, ohne darauf vorbereitet zu sein – das ist das Charakteristikum der Eintagsfliege, im Sport wie im Beruf. Boris Beckers sensationeller Sieg als 17jähriger in Wimbledon 1985 ist dafür ein glänzendes Beispiel. In den Jahren danach mußte er, da er innerlich noch nicht genügend gereift war, durch ein tiefes Tal der persönlichen Entwicklung – seine Lehrjahre. Er selbst hat das in Interviews häufig genug betont – er war damals noch kein echter Sieger, er konnte seinen Erfolg nicht verarbeiten, nicht stabilisieren. Spätestens seit 1988 hatte er innerlich soviel dazugewonnen, daß ihn Siege oder Niederlagen nicht mehr irritieren – er war zum Sieger geworden, seine Einstellung zum Siegen und Gewinnen hat sich gewandelt, er hat erkannt, daß der Weg das Ziel ist.
Wer das Gewinnen gelernt hat, hat die besten Voraussetzungen, seine Siege richtig einzuschätzen und auf dem Weg die Verantwortung für sich und für andere immer im Auge zu behalten. Ein Gewinner siegt nicht um jeden Preis. Auch Manager und Unternehmer sollten mit großer Verantwortung für das Ganze planen und handeln. Geschäftssiege ohne Rücksicht auf Verluste erweisen sich sonst schnell als »Pyrrhus-Siege«, Reingewinne als Kosten für andere – für die Umwelt beispielsweise.
INNER COACHING heißt gewinnen – mehr Selbstbewußtsein, Konzentration, Entspannung und Geistesgegenwart. Siegen gehört dazu – schließlich entstand INNER COACHING aus der Arbeit mit Weltklassesportlern. Doch letztendlich geht es darum, im Ganzen zu gewinnen – verantwortungsvoll, zielbewußt und ehrlich.

Interview mit Hubert Burda, Verleger

Schaffelhuber: Gibt es so etwas wie coachen auch im modernen Top-Management?

Burda: Ich denke, in immer stärkerem Maße ist es die Aufgabe eines Top-Managers, seine Mitarbeiter richtig zu coachen. In einem Bereich wie dem der modernen Kommunikation, zu dem die Presse gehört, ist dies oft von entscheidender Bedeutung. Die besten Journalisten sind von großer Sensibilität, und es ist wichtig, mit Ihnen auch die psychischen Hintergründe von Erfolg oder Mißerfolg auszuloten.

Schaffelhuber: Für Sie ist die Psyche also schon ein Bereich, der wesentlich ist, um Leistung zu bringen, um Erfolg zu haben?

Burda: Natürlich. Das ist der Grund, warum ich zum Beispiel versuche, vor großen Entscheidungen morgens eine Stunde Tennis oder Golf zu spielen oder, was mir auch sehr hilft, zu joggen. Ich glaube, daß vieles im Top-Management einfach zu sehr aus dem Kopf gemacht wird. Und ich glaube, dann kommen oft Management-Entscheidungen heraus, die richtig sind, trotzdem aber nicht super sind. Man muß weiterdenken. Man muß über die papierenen Maßstäbe hinausdenken. Wer in den Markt hineindenkt, der muß sehr viel sensibler und emotionaler sein. Für neue Erfindungen, in meinem Bereich also neue Zeitschriften oder Zeitungen oder Fernseh- und Radioideen.

Schaffelhuber: Das heißt für Sie also zum Beispiel, daß Sie sich nicht unbedingt an die Instrumente halten, die der normale Manager so benützt, sondern daß Sie versuchen, kreativ vorauszudenken?

Burda: Meine Arbeit hat eigentlich nur noch wenig mit der Ablauforganisation zu tun. Meine Arbeit heißt vorausdenken, mittelfristige und langfristige Unternehmensplanung: Mit welchen Produkten kommen wir 1992, 1993 in den Markt; wie verändern sich durch das Fernsehen die Zeitungen und Zeitschriften. Aber um nochmal an den Gedanken von vorher anzuschließen, ich habe für mich gespürt, daß diese Sensibilität, dieses Intuitive, dieses Emotionale immer über den Körper kommt. Vor einem »großen Kampf« muß ich versuchen, früh ins Bett zu gehen. Ich muß versuchen, über eine sportliche Tätigkeit, es kann auch schwimmen sein, meinen Körper hundertprozentig zu spüren – das ist ganz wichtig. Ich bin überzeugt, daß es eine Korrelation gibt zwischen deinen Ideen und dem Sich-Wohlfühlen im eigenen Körper.

Schaffelhuber: Kann man also sagen, daß es auf der einen Seite die Manager gibt, die alles sehr rational machen, intellektuell, vielleicht schon verkopft, und Sie auf der anderen Seite versuchen, ein Gegengewicht zu schaffen: indem Sie sich selbst mehr spüren, um mehr aus dem Moment heraus Entscheidungen fällen zu können?

Burda: Ja, auf diese Weise habe ich zum Beispiel sowohl zum Tennis als auch zum Golf einen ganz anderen Zugang gefunden. Ich gehe manchmal sogar auf den Tennisplatz und habe ein Problem im Kopf und weiß dann, daß ich nach einer dreiviertel Stunde im Match anders darüber denke. Das hat zwar den Nachteil, daß ich dazwischen Spiele verliere, weil ich eben nicht ganz im Spiel bin, aber das nehme ich in Kauf, weil mir die Lösung auf einem anderen Gebiet, von der mehr abhängt, wichtiger ist als das Gewinnen oder Verlieren.

Schaffelhuber: Das heißt also, wenn Sie sich körperlich anstrengen, atmen, daß Sie dann irgendwie locker werden über Sport, daß auf einmal Assoziationen kommen, die Ihnen sofort helfen können?

Burda: Ganz klar. Für mich gibt es überhaupt keinen Zweifel, daß das eigentliche Denken, das kreative Denken, korreliert mit körperlicher Tätigkeit. Mit das beste von Nietzsche ist letztendlich beim Wandern geschrieben worden. Von ihm gibt es ja den Satz: »Mißtraue jedem Gedanken, den du nicht beim Laufen erfahren hast.« Ich habe die Erfahrung gemacht, daß ich zum Beispiel bei einer Bergtour, die ungefähr drei Stunden dauert, in der ersten Stunde nur damit beschäftigt bin, all die Gedanken – ich nenne sie immer die »Gedanken vom Tal« –, die in mir sind, im Laufe der Zeit wegzudrängen. Also dieses »Habe ich das gemacht, habe ich jenes erledigt, habe ich das vergessen«: all das, mit dem der Kopf beschäftigt ist. In der zweiten Stunde fängt die Leere an, und das hat auch damit zu tun, daß ich dann einfach weitergehen, daß ich mich körperlich anstrengen muß. Und in der dritten Stunde merke ich, es entsteht ein anderes Denken. Das war aber nur durch die körperliche Anstrengung möglich. Und das ist eigentlich das, was ich jetzt Gipfeldenken nenne.

Schaffelhuber: Wie könnte für Sie der Manager der Zukunft aussehen? Was könnte der für Eigenschaften besitzen?

Burda: Ich würde jedem der Junior-Manager mit auf den Weg geben, daß sie ohne das Ausbilden von Kreativität sicherlich keine Chance haben, in die Top-Ränge zu kommen. Top-Ränge erreicht man nur, wenn man außergewöhnliche, kreative Lösungen bieten kann.

Schaffelhuber: Herr Burda, vielen Dank für das Interview.

Der Manager als Coach

Grundsätzlich stehen wir vor einer vollkommen neuen Erscheinung in der Welt des Business. Nicht mehr der allseits souveräne, unnahbare und alles besser wissende Vorgesetzte ist das Maß aller Dinge. Heute sind Persönlichkeiten gefragt, die es verstehen, Mitarbeiter zu motivieren, zu inspirieren, und deren Umgang mit Kollegen freundschaftlich und kooperativ ist.
Es gibt sicherlich immer noch viele Zweifler, die davon überzeugt sind, das könne in der Realität nicht funktionieren: Man müsse einfach zu bestimmten Machtinstrumenten greifen, um Produktivität zu erreichen. Doch es gibt tatsächlich heutzutage andere, neue Möglichkeiten. Ein »miteinander«, ein »am selben Strang ziehen«, ist, wie sich immer öfter herausstellt, weitaus effektiver. Gelingt es einer Firma, eine entspannte Atmosphäre und ein Klima des echten Miteinander zu schaffen, so sind Leistung und Erfolg eine angenehme Begleiterscheinung. Auch hier ist es wie im Sport: Erfolg stellt sich dann ein, wenn man entspannt, ausgeglichen und konzentriert spielt.

Aus den INNER-COACHING-Trainerstunden und -Manager-Seminaren konnte ich eines lernen: Unsere Mitmenschen können sich enorm entwickeln und entfalten, wenn man ihnen die Gelegenheit dazu gibt.

Erlebnisfragen

Was kann man machen, damit sich Lernende schnell entwikkeln? Im INNER-COACHING-Tennis- oder -Golfunterricht verwenden wir dabei hauptsächlich das Instrument der Frage. Damit der Spieler über einen langen Zeitraum auf Erlebnisse konzentriert bleibt, verwenden wir Fragen eines bestimmten Typs. Wir vermeiden während des Erlebnisprozesses Fragen, die das Nachdenken, die Analyse oder das Verstehen ansprechen, sondern versuchen Fragen zu stellen, die die Konzentration auf das Erleben lenken:

Wo? Wann? Was? Wieviel?

- Wo spüren Sie eine Verkrampfung?
- Wann treffen Sie den Ball?
- Was passiert im Moment des Ausschwungs?
- Wieviel Krafteinsatz brauchen Sie für Ihre Aktion?

Erlebnis-Konzentration

Diese Fragen haben den Zweck, den Spieler immer wieder in die Erlebnis-Konzentration zu führen. Haben wir als Coach das Gefühl, unser Lern-Partner ist nicht mehr voll konzentriert, so versuchen wir durch eine gezielte Frage, seine Aufmerksamkeit wieder zu erhöhen. Das gelingt sehr oft.
Spielt eine Spielerin eine Vorhand, so fragen wir zum Beispiel, ob ihr irgend etwas an ihrer Vorhand auffällt. In den meisten Fällen können die Spieler nach kurzem »In-sich-Hineinhorchen« (»Selbst-bewußt-Werden«) eine Aussage treffen. Fragen wir dann mit Hilfe unserer Erlebnis-Fragen weiter, so bekommen wir und auch der Spieler immer genauere Informationen. Informationen, die alle im Bereich der Sinneswelt gesammelt wurden. Auf diese Weise werden automatisch die Konzentration und die Wahrnehmungsfähigkeit gefördert, was im Sport wie auch im täglichen Leben die Grundvoraussetzung zur Ausschöpfung des Potentials – zum Erfolg – ist.
Mit Hilfe bestimmter Fragen kann man also bewußt einen Erlebnisprozeß einleiten. Im anschließenden Gespräch können die gewonnenen Eindrücke ins Erkennen und Verstehen transferiert werden. In herkömmlichen Lernschemata gibt der Wissende dem Unwissenden Information über bestehende Erkenntnisse, über Normen wie falsch und richtig oder gut und schlecht. Somit bekommt der Lernende exakt das weitervermittelt, was

der Lehrer in sich birgt. Der Schüler wird auf diese Weise nie oder nur sehr schwer über den Wissenshorizont des Lehrers hinausgelangen. Daß solche Muster mit großer Vorsicht zu genießen sind, möchte ich an dieser Stelle nochmals betonen. Zu viele Menschen lassen sich von sogenannten »Lehrern« zu sehr beeinflussen, ohne wahrzunehmen, wie ihre persönliche »Selbst«-Entwicklung immer mehr verkümmert.

Der offene Weg

Der Weg des INNER COACHING ist ein vollkommen anderer. Der »Lehrende« ist in diesem Fall nicht Lehrer, der sein Wissen weitergibt, sondern er ist Coach. Ein Coach, der durch bestimmte Fragen konzentriertes Wahrnehmen, Erleben und dann Erkennen ermöglicht und auf diese Weise eine freie Entwicklung zuläßt. Durch diese offene, kommunikative Lernform entstehen weitaus mehr Lösungsmöglichkeiten, da viel weniger vorgegeben wird.
Diese offene Form des Lernens wird auch in der Arbeitswelt mehr und mehr genützt. Die Voraussetzung dafür ist, daß »Vorgesetzte« über die Mechanismen des freien Lernens Bescheid wissen und sich nicht als allwissende Rechthaber in den Weg stellen.

Mir nach, ich folge!

Ein Coach

Lernen, wie man lernt

Um heute ein erfolgreicher Manager zu sein, sollte man sich im klaren sein, wie Menschen am schnellsten und liebsten lernen:

- Lernen funktioniert am besten in einem entspannten Umfeld
- Lernen heißt: bewußt erleben
- Lernen heißt: auch ausprobieren

- Lernen passiert am schnellsten ohne Angst
- Lernen als Prozeß in der Gruppe ist kraftvoller
- Lernen heißt: eins nach dem anderen
- Lernen heißt: innere und äußere Fähigkeiten balanciert entwickeln

Lektionen

- Es gibt keine Fehler, nur Lektionen
  (Das persönliche Wachstum ist eine Sache des Ausprobierens. Die fehlgeschlagenen Versuche sind ebenso wichtig wie die gelungenen.)
- Eine Lektion wird so lange wiederholt, bis sie gelernt ist
- Lektionen hören nie auf
  (Es gibt keinen Teil des Lebens, der nicht Lektionen enthält. Solange du existierst, gibt es Lektionen.)
- Andere sind nur der Spiegel von dir
  (Du kannst an einem anderen nichts schätzen oder ablehnen, was du an dir selbst nicht schätzst oder ablehnst.)
- Deine Antworten liegen in dir
  (Alle Antworten liegen in einem selbst. Alles, was man dafür tun sollte, ist hinschauen, hinhören, fühlen und vertrauen.)

Wichtig für jeden, der andere »ausbildet«, ist das Erlebnis, wieder einmal selbst zu lernen. Aus diesem Grund bekommt die »INNER-COACHING-Firma« immer mehr Zulauf von leitenden Managern. Managern, die die Mechanismen des Coaching interessieren und die für sich und ihre Mitarbeiter eine freiere und bewußtere Entwicklungsmöglichkeit suchen. Für Lernende und »Lehrende« steht diese Erfahrung bei INNER COACHING im Mittelpunkt.

Coach sein

Es gibt einige wesentliche Merkmale, die einen Coach charakterisieren. Grundsätzlich sollte ein Coach mit sehr viel Selbstbewußtsein und Verantwortungsgefühl ausgestattet sein. Diese beiden Qualitäten sind die Basis jedes Coaching. Zum einen sich seiner selbst bewußt sein und daher auch ein hohes Bewußtsein für andere zu haben, zum anderen verantwortlich für sich und seine Mitmenschen zu sein.

In der Praxis sollte ein Coach ...
- ... auf den Menschen eingehen und versuchen, mit diesem gemeinsam Ziele zu finden.
- ... seinem Schüler-Partner Raum geben, zum Entdecken und Selbst-Herausfinden.
- ... Fragen stellen, die seinem Schüler-Partner helfen, sich zu entwickeln.
- ... Teil des Prozesses sein und loslassen von eigenen »Sollte«-Vorstellungen und »Muß«-Regeln.
- ... Lösungsvorschläge ohne Bedingungen, seine Meinung als »Möglichkeit« anbieten.
- ... humorvoll, voller Vertrauen, echt, interessiert, innerlich balanciert, konzentriert, frei und unbefangen sein.

Falls Sie in Ihrer Firma oder auf dem Sportplatz Coach sein wollen, so sollten Sie diese Grundsätze stets berücksichtigen.

Ein Coach gibt Selbstvertrauen

Wie gebe ich anderen Menschen Selbstvertrauen? Es gibt verschiedene Punkte, die man dabei beachten sollte.

- Ich nehme sie ernst.
- Sie erhalten die Möglichkeit, selbst zu bestimmen.
- Es werden kleine und große Ziele formuliert und erreicht.
- Wenn Ziele nicht erreicht werden: »Kein Problem.«
- Sie bekommen die Freiheit, eigene Wege zu finden.
- Es zählt nicht gut oder schlecht, sondern ungünstig und günstiger.
- Ein Fehler wird akzeptiert, die Fehlerbedeutung entschärft.

Macht und Kreativität

In vielen Firmen spielt das Instrument der Macht immer noch eine dominante Rolle. Durch die Ausübung der Macht wird oft aber die Entfaltung der Mitarbeiter behindert. Es herrscht die Angst, Fehler zu machen, da man mit Konsequenzen rechnen muß. Ein lockeres, entspanntes und selbstverantwortliches (Los-)Arbeiten ist so kaum machbar. Natürlich senkt diese Angst vor Fehlern auch die Bereitschaft, Neues auszuprobieren, kreativ zu werden. Prozesse werden dadurch verlangsamt, die zu innovativen Lösungen führen könnten.

Selbst- und Gesamtverantwortung

Mehr Miteinander, mehr Vertrauen und Loslassen sind andere, zeitgemäße Formen der Zusammenarbeit. Die Kontrolle spielt dabei nur eine untergeordnete Rolle. Selbstverständlich setzt dies ein hohes Maß an Verantwortung für jeden einzelnen, für sich und andere voraus. Aber: Gerade diese Selbst- und Gesamtverantwortung könnte für jede Firma erstrebenswert sein – es könnten viele auf Mißtrauen und Kontrolle gegründeten Überwachungssysteme fallengelassen werden.

> Das Ideal eines Managers ist der Mann, der genau weiß, was er nicht kann, und der sich dafür die richtigen Leute sucht.
>
> *Philip Rosenthal*

Teamgeist

Erinnern Sie sich noch an die Geschichte aus dem Kapitel Einstellung/Programmierung? Als beim Tauziehen die zunächst schwächere Mannschaft nach eingehendem Coaching zum Siegerteam wurde? Überzeugt von sich und gemeinsam auf einen Punkt konzentriert, kann man enorme Energien freisetzen. In vielen Betrieben wird dennoch noch viel zuwenig Wert auf diese starke »Energiequelle« gelegt. Nur wer in einen Prozeß mit seinen Mitarbeitern einsteigt, hat die Chance, außerordentliche Bereitschaft zu erzeugen. Durch die echte Kommunikation werden alle Energien gebündelt, anstatt sie in verschiedene Richtungen zu verstreuen. Alles wird möglich: kreative Prozesse, gemeinsame Ziele, an einem Strang ziehen. Zu sehr ichbezogene Vorgesetzte sind meist nicht in der Lage, dieses gebündelte Potential ihrer Mitarbeiter zu sehen, zu erzeugen und zu lenken.

Der »Team-Kapitän«

Kommunikation, Zuhören, Für-voll-Nehmen und Wertschätzung sind die Grundvoraussetzungen für Teamgeist. Jeder besitzt denselben Stellenwert, sich selbst hält man nicht für extrem wichtig. Delegieren zu können, ohne dem anderen ein unangenehmes Gefühl zu geben, ist eine wichtige Technik dabei. Daß man dabei das »Recht-haben-Wollen« und das »Sich-darüber-Stellen« beiseite lassen sollte, liegt auf der Hand.

Einen Fehler zuzulassen, ja sogar bei Fehlern Zuwendung aufzubringen, das ist wahre Größe – und untrügliches Zeichen eines »Team-Kapitäns«.

Falls Sie sich entschieden haben, in eine Führungsrolle zu schlüpfen, ist Ihre ganze Persönlichkeit und die Summe Ihres Bewußtseins gefragt. Wer andere in Krisensituationen nicht aufbauen kann, sollte nicht Coach eines »Business-Flites« sein.

Nur wenn man sich gegenseitig hilft, stärkt und unterstützt, kann man ein wirklich gesundes und wertvolles Arbeitsklima aufbauen. Alles was man anderen gibt, kommt im Team zurück: Liebe, Haß, Vertrauen, Neid, Zuversicht, Furcht, positive und negative Energie.

Wer viel gibt, bekommt auch viel!

Interview mit René Jäggi, Vorstandsvorsitzender von adidas

René Jäggi stand Ende der sechziger Jahre im Olympiakader des Schweizer Judoverbandes und ist seit dem 1. November 1988 Vorstandsvorsitzender der Sportartikelfirma adidas.

Schaffelhuber: Herr Jäggi, würden Sie uns einen kurzen Überblick über Ihren sportlichen Hintergrund geben?

Jäggi: Ich komme aus einer sehr sportlichen Familie. Mein Vater hatte zwölf Brüder, und davon haben fast alle Fußball gespielt – Nationalmannschaft, Clubmannschaft. Bei ihm war Sport, muß ich fast sagen, ein preußisches Erziehungsmittel. Mein Vater hat das dann auf uns übertragen. Ich habe begonnen mit Schwimmen und war dabei schon sehr gut zwischen zehn und zwölf. Wegen Haltungsschäden beim Heranwachsen kam ich eigentlich durch Zufall zum Judo. Mit zwölf war das, und ich war sofort unheimlich motiviert von dieser asiatischen Sportart.
Schon als Vierzehn-, Fünfzehnjähriger habe ich da Stunden reingehängt, jeden Tag trainiert. Ich war bald der Jüngste mit Schwarz-Gürtel, mit siebzehn Jahren in Judo, mit achtzehn Jahren im Jiu-Jitsu. So kam ich 1968/69 auch in den Olympia-Kader für München 1972. Die Kriterien für München waren entweder ein Jahr Japan oder eine Europa-Meisterschafts-Medaille 1971/1972. Ich habe dann den zumindest aus meiner damaligen Sicht leichteren Weg gewählt. So ging ich mit zwei Freunden nach Japan. Zusätzlich zu dem Sport habe ich mich damals auch in Japan verliebt, in die Sprache, die Kultur und die Geschichte. In diesen drei Jahren Japan habe ich mich eigentlich weniger auf den Sport als auf die japanische Philosophie konzentriert. Ich bin damals zweimal mit der Transsibirischen Eisenbahn von Japan nach Basel zurückgefahren, um an diesen Ausscheidungskämpfen mitzukämpfen. Aufgrund einer Verletzung, aber auch – das weiß ich heute – wegen einer inneren

Stimme, habe ich München dann verpaßt. Am Schluß war das alles für mich zu westlich. Ich war dann schon so stark japanisch, daß ich gesagt habe, gut, das muß auch anders gehen.

Schaffelhuber: Das war praktisch das Ende Ihrer aktiven Laufbahn als Judoka, was haben Sie dann gemacht?

Jäggi: Ich bin noch ein Jahr in Japan geblieben und bin dann erst nach Basel zurück. Dort habe ich einen Club übernommen, der in der dritten Liga war – mit auf den ersten Blick völlig untalentierten Judokämpfern. Aber es war eine lustige Truppe, es hat mir sehr viel Spaß gemacht. Mit dieser Mannschaft, und das war eigentlich mein größter sportlicher Erfolg, haben wir es als Team bis zur Schweizer Meisterschaft gebracht. Wir haben vier Jahre lang keinen Kampf verloren. Das war die absolute Sensation. Ich kann das eigentlich nur so umschreiben, daß ich es geschafft habe, mit durchschnittlichen Leuten überdurchschnittliche Leistungen zu vollbringen. Und es war am Schluß, 1977, so, daß aus der ganzen Schweiz Leute zu uns nach Basel zum Training kamen, um mit uns trainieren zu dürfen, und dann fast schockiert waren, wie normal die Leute waren und wie banal das Training war. Natürlich fragten die sich: »Wie sind solche Sonderleistungen eigentlich möglich?« Wir haben es als Truppe eigentlich immer geschafft, uns auf den Wettkampf so optimal vorzubereiten, daß wir, immer wenn es darauf ankam, unschlagbar waren. In der Phase dazwischen haben wir uns eigentlich sehr normal verhalten.

Schaffelhuber: Haben Sie aus diesen Erfahrungen etwas Entscheidendes für Ihr späteres Leben gelernt?

Jäggi: Was habe ich daraus gelernt? Sicherlich muß ich jetzt einmal die japanischen, die asiatischen Einflüsse wegnehmen, die für mich ein wesentlicher Bestandteil meines Erfolges sind, aber was ich wirklich gelernt habe, ist eben eine gewisse Disziplin. Natürlich, wenn ich ganz ehrlich bin, habe auch ich zumindest Phasen, wo ich völlig undiszipliniert bin. Die sollten nicht zu lange sein, aber es gibt Phasen, wo ich kaum trainiere, wo ich viel esse und trinke – einfach alles mache, was eben ungesund ist.

Ich kriege dann aber relativ schnell wieder das Gefühl für diese innere Stimme, wo ich sage: »Mensch Junge, das geht jetzt aus dem Ruder!« Ich kann danach eigentlich mit viel mehr Kraft arbeiten, als wenn ich diese Ruhephasen nicht gehabt hätte. Da kriegt man ein gewisses Gefühl zum eigenen Körper. Ich weiß also ganz genau, wann ich laufen muß, wie lange ich laufen muß. Ich mache das völlig ohne Uhr und Trainingsplan. Ich höre auf diese Stimme, die mir sagt: »Du bist zu schwer!« oder »Es stimmt von der Leistung her nicht!« Und weil die Übungen an und für sich gleich geblieben sind seit meinem zwölften, dreizehnten Lebensjahr – das sind meine fünf bis acht Kilometer laufen, das ist Stretching –, weiß ich genau, wenn ich den Kopf nicht mehr auf die Knie krieg', dann stimmt was nicht. Wenn die Zeit unter fünfundzwanzig Minuten ist, laufe ich gut, wenn sie über fünfundzwanzig ist für fünf Kilometer, bin ich zu schwer. Und das sind dann so Dinge, wo ich sage, ich habe ein gutes Verhältnis zu meinem Körper gefunden. Der andere Punkt ist, daß man im Sport lernt, mit Zielen umzugehen. Und aus Zielen entwickeln sich dann Visionen. Und ich glaube, das ist eben ein Punkt, den man auch im Geschäftsleben braucht: Manchmal ist sicherlich eine Vision nötig, um daraus überhaupt Ziele abzuleiten. Leute, die nur Ziele haben, sind eigentlich meistens Befehlsempfänger, die kriegen die Ziele vorgesetzt. Leute, die Visionen haben, können sich auch eigene Ziele setzen. Und das ist eben das Schöne am Sport, daß man sagt: »Ich bin jetzt in der und der Verfassung, möchte aber eigentlich da hin.« Und permanent eine Vorstellung hat, was man eigentlich sein möchte. Man weiß aber auch immer, wenn man ehrlich ist zu sich selbst, wo man tatsächlich steht, und entwickelt entsprechend einen Trainingsplan. Der andere Punkt ist, daß ich glaube, daß der Sport, unabhängig davon, welcher, einfach eine gesündere Lebenseinstellung mit sich bringt. Man muß mit Leuten umgehen. Wenn man Sport ernsthaft treibt, weiß man, daß man nicht immer gewinnen kann: Man will gewinnen, muß aber verlieren können. Das ist einer meiner Standardsätze. Es soll eben nicht so sein, daß man bei Siegen himmelhochjauchzend davonläuft, aber auch nicht so, daß man bei Niederlagen alles hinschmeißt. Ich hoffe, daß das Gefühl stärker ist für Siege als für Niederlagen, aber diese Ausgewogenheit eben zwischen beidem, das ist für mich Yin und Yang, und das gehört mit zur Persönlichkeitsentwicklung.

Schaffelhuber: Sie glauben also, daß man seine Persönlichkeit im Sport entwickeln kann? Dann sollte eigentlich jeder Sport treiben.

Jäggi: Auf jeden Fall. Sport als Weg ist eine Erziehung, ist ein Ventil für Persönlichkeitsentwicklung.

Schaffelhuber: Was heißt das für Ihren Beruf?

Jäggi: Ich persönlich würde heute sagen, ich habe dem Sport eigentlich fast alles zu verdanken. Diese positiven Grundelemente, von denen ich auch vorhin gesprochen habe, waren für mich so prägend, daß ich, im Gegensatz zu vielen anderen, vieles im Geschäftsleben eben nicht so ernst nehme, wie bei einer Meisterschaft sage: »Du hast dich gut trainiert, bist voll da, gibst dein Bestes, arbeitest, was auch immer die Stunden sind. Wenn du verlierst, dann ist eben jemand besser. Da können die Umstände noch so widrig sein, solange du mit dir im reinen bist, kann nichts passieren!« Das relativiert schon mal alles. Dann kommt natürlich auch dieser Überwindungs-Effekt dazu, wie beim Waldlauf oder beim Schwimmen, wo man sagt, im Prinzip versagen die Muskeln, also bist du kaputt. Es kommt dann eben dieser Funke oben, der sagt: »Aber es geht weiter!« Und ich glaube, das ist etwas, was man im Geschäftsleben braucht, daß man einfach da drüber hinweggeht, über das hinausgeht, was normalerweise üblich ist. Man muß nur ein bißchen mehr machen als der Durchschnitt, dann kommen die Resultate ganz von allein.

Schaffelhuber: Wie schätzen Sie sich denn selbst ein?

Jäggi: Ich gehöre zu den positiven Menschen, das heißt, wenn ich ein Glas angucke, ist es meistens halbvoll, nicht halbleer. Ich kann nicht negativ denken. Das schlägt über auf meine Mannschaft. Ich glaube, daß die Leute bei mir spüren, daß ich Spaß an der Sache habe. Bei allem Ernst. Ich versuche aber immer auch zu sagen, daß es zu jedem Problem mindestens drei Lösungen gibt. Man muß einfach wissen, daß Probleme da sind, um gelöst zu werden, und Tragödien nicht lösbar sind. Es ist entweder etwas eine Tragödie – wenn meine Eltern sterben, dann ist das eine Tragödie, da kann ich nichts tun, da habe ich nur Selbstmitleid. Wenn etwas ein Problem ist, ist es lösbar. Ich darf nur keine Angst haben vor der Konsequenz. Das ist ja im Sport auch so. Ich meine, es gibt ja oft Dinge, die ahnt man schon im Vorfeld. Ich habe im Judo ein Gefühl entwickelt für Männer, Wettkampftypen, wo ich gesagt habe – also manchmal lag ich auch völlig daneben –, ich kann den gut beurteilen. Und diese Stimme, die funktioniert eigentlich heute noch.

Schaffelhuber: Wie arbeiten Sie als Chef? Was sind die Fähigkeiten, die Sie zu einem erfolgreichen Chef machen ?

Jäggi: Ich habe ein gutes Gefühl entwickelt für das Machbare. Ich habe ein gutes Gefühl entwickelt für das Begeisterungspotential bei Menschen. Ich arbeite heute lieber mit einem durchschnittlichen Menschen, der ein großes Begeisterunspotential hat, als mit einem hochqualifizierten, der im Prinzip kein Potential mehr hat, der seinen Weg geht, sich aber nicht mehr beeinflussen oder motivieren läßt. Ich glaube, das ist das, was jetzt auch bei adidas passiert ist. An und für sich eine durchschnittliche Mannschaft, die nicht mehr an sich geglaubt hat, die geprügelt worden ist, die zum Teil auch keinen Spaß mehr hatte. Und mit relativ simplen Dingen, wie zum Beispiel einem neuen Messestand, einer neuen Show oder einer Betriebsversammlung, wo man mit denen mal Tacheles redet oder wo man mit denen ehrlich ist, wo man Visionen zeigt, kommt man dazu, daß die dann plötzlich sagen: »Mensch, das lohnt sich eigentlich, hier wieder zu arbeiten!« Und das sind eigentlich die Dinge, die mir Spaß machen, daß man ein paar ganz gewöhnliche Dinge außergewöhnlich gut tut. Daß man Leute um sich rum hat mit einem großen Begeisterungspotential, daß man Leute sucht, die sich begeistern lassen. Und ich glaube, das ist das, was jetzt passiert ist bei uns, daß eben diese Mitarbeiter plötzlich positiv denken.

Die sind von diesem negativen Drill hin zum Positiven gekommen. Und das ist dann dasselbe wie bei einer durchschnittlichen Mannschaft, die plötzlich gewinnt. Im Gegensatz zu einer Mannschaft, die Sie teuer zusammengekauft haben, mit null Begeisterungspotential. Da stimmt alles auf dem Papier, drei Millionen Dollar da, fünfundzwanzigfacher Nationalspieler. Und die verlieren! Bayern verliert gegen St. Pauli. Wie ist das möglich? Es reicht, wenn der Hoeneß, das meine ich jetzt nicht negativ gegen den Uli, eine Woche vorher sagt, ab jetzt verlieren wir kein Spiel mehr. Wenn ich als Trainer der gegnerischen Mannschaft nur dieses Blatt Papier nehme und es hinhänge, muß ich gar nichts mehr sagen – wenn die Jungs ein großes Begeisterungspotential haben, dann gehen die an diesem Samstag durch die Wand. Und das reicht fast immer. Als der Chef von Nike gesagt hat, adidas ist ein – wie hat er uns genannt? – ein »has been« (ein »es war einmal«, Anm. d. Autors), mußte ich nicht mehr tun, als dieses »has been« meinen Leuten vorzusetzen und zu sagen: »Das ist das, was euer Konkurrent redet. Da sitzt ein Yankee, der sagt, ihr seid ›has been‹, vorbei, ›dead wood‹ (»tote Hose«, Anm. d. Autors).« Und da hören Sie plötzlich, daß die Leute sagen: »Mensch, mit uns nicht. Also so geht das nicht!« Und dann kommen sie und sagen : »Was sollen wir denn machen?« Und in dem Moment, wo Leute zu Ihnen kommen und Sie das fragen, kann man arbeiten an dem Potential und ihnen klarmachen: »Das bist du, da willst du hin. Das ist der Weg dazwischen.«

Schaffelhuber: Je mehr ich Ihnen zuhöre, um so mehr spüre ich, daß Sie eine große Mannschaft coachen.

Jäggi: Richtig.

Schaffelhuber: Man kann sagen, daß Sie die Mechanismen, die Sie bei Ihrer Judomannschaft erfolgreich angewandt haben, in Ihre Arbeitswelt transferiert haben. Sie coachen Menschen, bringen das Potential hoch. Man schaut, wo man hinmöchte, und versucht einfach zu motivieren und zu begeistern.

Jäggi: Also es gibt oft im Leben Momente, wo Sie erstaunt sind über die Fähigkeit gewisser Leute. Das gibt es im Militär, das gibt es im Manager-Training, wo ein Team zusammen ist. Da sagt man also, der Größte ist gleich der Stärkste, der Doktor ist der Gescheiteste. Das sind ja ganz triviale Mechanismen, die im menschlichen Gehirn ablaufen. Nun kommt eine Notsituation, wo das nicht mehr stimmt. Wo also der Größte plötzlich weint, und der Doktor, der Akademiker, der Intellektuelle, plötzlich versagt, weil irgendwelche Strömungen ihn beim Denken blokkieren. Und dann kommen Erscheinungen zutage, wo ein ganz Normaler, der Kleine, Bärenkräfte entwickelt und die ganze Gruppe rettet. Wo der kleine Angestellte es plötzlich aufgrund seiner Persönlichkeit schafft, Dinge zusammenzuhalten, wo Sie sagen: »Wie ist das möglich?« Und ich glaube, daß eben in einer Situation wie jetzt bei adidas, wo Sie mit dem Rücken zur Wand stehen, gewisse Mechanismen nicht mehr funktionieren. Der Größte ist nicht mehr der Stärkste, und der Gescheiteste ist nicht mehr der Gescheiteste. Und hier müssen wir plötzlich einsehen, daß Leute in den Vordergrund treten, die vorher schon da waren. Da war zum Beispiel einer, den hätte man nie in eine hohe Position befördert. Ich hab' es gemacht, weil ich gewußt habe, daß dieser Mann ein Potential hat an Einfühlungsvermögen, an geschichtlicher Verantwortung für adidas, so daß ich gesagt habe, mit dem Mann kann ich alles machen. Den würde ich zum Vorstand machen, weil er diese Glaubwürdigkeit der Organisation hat. Das hat er akzeptiert und ist jetzt, nach drei Jahren, aus dieser Rolle rausgeschlüpft und hat gesagt: »Es ist der Zeitpunkt gekommen, um eine neue Verantwortung zu übernehmen.« Und da gibt's noch ein paar andere Beispiele, wo ich mit Leuten operiert habe, die einfach zu dem Zeitpunkt eine Rolle übernommen haben, wo sie über sich hinauswuchsen. Dieselben Dinge gelten im Sport: Sie haben eine gewisse Trainingsleistung, wissen eigentlich, damit würden Sie hinterherlaufen. Bei einigen Typen reicht es aber ja schon, wenn Sie sagen: »Es ist jetzt Wettkampf!«, und dann steigert sich der hoch um fünfundzwanzig Prozent. Und wenn Sie das wissen, dann ist es eigentlich gar nicht schwer. Wenn Sie den Weg finden, dieses Begeisterungspotential oder auch Verantwortungspotential anzusprechen, können Sie mit Leuten operieren, die normalerweise den Anforderungen nicht genügen würden. Und deshalb sage ich schon: Ja, es läßt sich übertragen, vieles aus dem Sport. In unserem Fall geht es mir ausschließlich um meine Leute. Und dann eben um die Firma. Es ist ein Teamgedanke. Wir wollen etwas realisieren, und wir haben auch ein klares Feindbild: Das ist Nike, eine Mannschaft, die nun einfach besser ist, schneller läuft, schöner ist. Und daran arbeiten wir, das wird in die Mannschaft eingehämmert. Und zwar nicht so, daß wir sagen, wir sind schlechter und minderwertiger, sondern die sind besser. Wir sind gut, die sind besser. Es gibt nur eines: Die wollen wir da runterbringen. Das ist auch etwas, was natürlich aus dem Sport kommt. Was ich nicht tun kann, ist Training als reine Körperertüchtigung. Es muß ein Ziel da sein. Also ich muß entweder schneller laufen können oder höher springen oder gewinnen. Alles andere ist dann halt so wie Essen und Trinken. Das mache ich auch, das sind meine zwanzig Minuten pro Tag Stretching oder Laufen. Es gibt dann aber die Stunde, wo ich trainieren gehe. Trainieren heißt: Ich will damit etwas erreichen. Ich glaube, das ist das, was eine Organisation braucht. Diesen »competitive spirit«. Ich krieg' heute noch Gänsehaut, wenn ich eine Varta-Batterie sehe, ich könnte auch nicht für Varta arbeiten, nie! Ich könnte auch nie für ein anderes Sportartikel-Unternehmen arbeiten. Auch wenn man mein Gehalt verdoppeln würde. Ich würde nicht für Nike arbeiten. Weil ich so programmiert bin, daß es für mich unmöglich wäre, plötzlich die Farben zu wechseln. Ich bin schon lange von Duracell weg, und heute noch, wenn ich in München am Hochhaus von Varta vorbeifahre, krieg' ich Gänsehaut, weil ich sag': »Das sind die Leute, die meinem Leben zehn Jahre Sinn und Zweck gegeben haben.« Nicht Duracell, sondern Varta. Die wollte ich da runterholen.

Schaffelhuber: Toll!

Jäggi: Das ist also übertragbar.

Schaffelhuber: Jetzt etwas anderes. Wie ist das, wenn Sie

eine Rede halten, vor Managern, worauf kommt es Ihnen da an?

Jäggi: Also wenn ich heute zum Beispiel über Fitneß bei Managern – ich kann nicht mehr über die Fitneß von Athleten sprechen – sprechen würde, da kann ich ein Konzept haben, aber das brauche ich nicht, weil ich das verkörpere. Wenn ich über Motivation bei Leuten spreche, weiß ich genau, wovon ich spreche, und deshalb kann ich mit Stichworten arbeiten, die immer in das Konzept passen. Es braucht aber im Prinzip nur einen Funken aus der Masse. In der Zwischenzeit spreche ich lieber zu zweihundert Leuten, weil ich mag die Energie, die Ansammlung von Energie. Und es passiert oft bei mir, daß wenn ich die Leute so sitzen sehe, daß ich mein Protokoll und mein Manuskript weglege und die zuerst mal aus ihrem Tiefschlaf hole. Es gibt für mich nichts Schlimmeres als eine Disharmonie zwischen dem, was man sagt, und dem, was man denkt. Zwischen dem, was man erreichen will, und dem, was man eben spürt. Und ich kann nicht eine begeisternde Rede halten, wenn die Leute so dasitzen.

Schaffelhuber: Was würden Sie jungen Managern raten? Angehenden Managern.

Jäggi: Ich hoffe, daß es keine jungen Manager gibt. Das wäre schlimm. Manager ist so etwas, was man wird. Ich glaube und hoffe, daß es viele junge Unternehmer sind, die ich anspreche. Das heißt, Unternehmer ist leichter zu übersetzen. Das sind Leute, die etwas unternehmen. Ein Beispiel: Solange ich im Militär war, habe ich nur Befehle empfangen. Und da saß irgendwo ein Typ mit Gold, der hat mir gesagt, was ich zu tun hätte. Kein einziger Schweizer Offizier hat mir je eine Frage gestellt. Kein einziger Schweizer Offizier hat mir jemals eine Minute zugehört. Und die gingen alle davon aus, und da sind sie bestärkt worden darin, daß sie immer davon ausgehen konnten, daß ich gehorchen mußte. Weil ich gar keine Alternative hatte. Ich sage Ihnen, in einer Unternehmung gibt es das nicht. Junge Leute lassen sich heute nur dann motivieren, wenn sie die Richtung sehen. Die wollen nicht »Management by« lernen, sondern wollen wissen: Was ist mein Beitrag? Was kann ich bei adidas dazu beitragen, daß es der Firma besser geht? Und diese alte Monologgeschichte – ich spreche dir jetzt vor, was du zu denken hast: Das sind die Alt-Manager. Ich glaube, daß heute die Jungen ein viel besseres Gefühl haben für das Machbare. Und das große Geheimnis scheint mir zu sein, daß sie sich weder durch Uni noch durch Ausbildung noch durch irgendwelche Vorgesetzten ihre innere Stimme, ihr Gefühl zudecken lassen. Daß sie nicht irgendeine Schablone werden, daß sie dieses Gefühl der Menschlichkeit behalten, daß das Gefühl für die eigenen Maßstäbe nicht verlorengeht, daß sie das nicht zuschütten. Also ich bin sicher, mein Kleiner, mein fünfjähriger David ist ein Unternehmer, weil er unternimmt permanent was. Wenn man ernsthaft Sport getrieben hat, kann man sich dann auch angewöhnen, sich nicht viel zuviel vorzunehmen, sondern eben das Machbare, und das dann permanent zu steigern. Bereit sein, permanent zu trainieren, lebenslang zu trainieren, zu lernen. Dabei erscheint mir unheimlich wichtig, während der Ausbildung auch ins Ausland zu gehen. Also nicht eine rein deutsche oder eine rein amerikanische Karriere, sondern kosmopolitisch, Doppelstudium, wenn's geht – zumindest zwei Disziplinen. Also wenn ich Marketing mache, muß ich mich zwingen, ein Jahr in der Finanz zu arbeiten. Und da ist noch der andere Punkt, der für mich wichtig ist. Vor allem Männer, die müssen heute lernen, mit Frauen umzugehen. Ich glaube nämlich, daß die künftigen Führungscorps hauptsächlich aus Frauen bestehen werden. Die Frauen haben uns gegenüber einen Riesenvorteil: Sie haben wahnsinnig viel Intuition, haben Schwächen, die wir nicht haben, aber das ist eben genau das, was ja wahrscheinlich der Welt so negativ geschmeckt hat. Daß so ein Macho-Verhalten da war, was die Frauen nicht haben. Die Frauen werden das ändern, da wird sehr viel mehr Gefühl reinkommen. Ich sage noch einmal: Gefühl, nicht Härte. Frauen sind, wenn sie überzeugt sind von etwas, viel härter, viel zielstrebiger, und das wird die Menschen, die Männer, völlig überraschen. Daß das zarte, weibliche Geschlecht da plötzlich den Ton angibt.

Schaffelhuber: Sehr schön. Um zusammenzufassen: Was bedeutet für Sie Sport als Weg im Business? Ich meine, Sie verkörpern es ja fast selbst.

Jäggi: Ich glaube, diese sportliche Einstellung, die man hat, wenn man Sport treibt, die muß man möglichst ungefiltert übertragen. Ich glaube, dazu gehört eine gewisse geistige und körperliche Hygiene. Das heißt auch, daß es eben eine gewisse Loyalität geben muß gegenüber Kollegen. Eine Ehrlichkeit. Es gibt nichts Schlimmeres, als mit Leuten zusammenzuarbeiten, trainieren zu müssen, die stinken. Das ist nun mal so. Mit »stinken« meint man im Geschäftsleben diese »tricky fishes«, denen man nicht vertraut. Wenn Sie bei uns gucken, es sind alle Sportler. Die meisten haben irgendwann einmal geschwitzt, die meisten, mit denen ich Tag und Nacht zusammen bin. Das sind alles Leute, mit denen ich duschen könnte. Wie im Sport: danach in die Duschkabine zu gehen und mit dem und fünfundzwanzig anderen duschen zu müssen. Das macht man ja nicht mit jedem. Das ist wie Fondue-Essen, das macht man auch nicht mit jedem. Da kommt auch diese Einstellung her. Daß man einfach sagt, also hart, knallhart: Erst muß man halt auch einen Arm brechen, wenn der nicht klopft (Klopfen: Zeichen zur Aufgabe beim Judo bei bestimmten Techniken wie Armhebel oder Würgegriff, Anm. d. Autors). Aber fair, hart und ehrlich, loyal und zuverlässig. Es gibt einfach so ein Bild von einem Mann oder von einer Frau, wo man sagt, man sieht das, schon wenn die kommen. Das sieht man, das spürt man. Es ist halt dieses sportliche Element. Ich sage jetzt nicht, daß es nicht gute Leute gibt, die keinen Sport machen, aber es ist halt eine Dimension, die oben drauf kommt, zu den normalen. Und wenn man sich das erhalten kann, dann, glaube ich, hat man im beruflichen Leben einen großen Vorteil. Wenn man es dann noch schafft, das zu koppeln mit einer gesunden Ernährung, so in die Richtung eines Gleichgewichts Körper, Geist, Seele, wenn man sich das bewahren kann, kann man jung bleiben, auch im hohen Alter. Da gibt es ja so ein paar Beispiele: Max Schmeling, Fritz Walter, das sind Leute, die durch den Sport erwiesenermaßen jung geblieben sind.

Schaffelhuber: Und immer Vorbilder.

Jäggi: Richtig. Ich habe immer Spaß an älteren Menschen, die von jungen akzeptiert werden. Es gibt nichts Schöneres. Luciano Benetton ist für mich ein großes Vorbild. Weil er sich mit fünfzig immer noch kleidet wie ein Fünfundzwanzigjähriger, aber bei den Jungen akzeptiert wird als alter Junger. Daß man eigentlich sagt, die Jugend der Welt wird heute durch einen fünfundfünfzigjährigen Mann, Benetton, angezogen. Und das Schöne an ihm ist, daß wenn er sich hier mit seinen Kindern treffen würde, daß die sagen, das ist er, das ist der Luciano. Da stören die grauen Haare nicht, seine Falten, die kommen gar nicht zum Tragen, sondern das ist der Mann, der es eben geschafft hat, jung zu bleiben. Und da hat sicherlich der Sport enorm dazu beigetragen, als Weg dahin. Und dann spüren das die Menschen.

Schaffelhuber: Herr Jäggi, vielen Dank für das Interview.

INNER-COACHING-Übungen

Tennis

Prinzipielle Hinweise

– Natürlich wären zu jeder Übung vielerlei Erläuterungen möglich. Es wird jedoch darauf verzichtet, da es jetzt ausschließlich um Erkennen und Erleben geht, nicht um Analysieren und Verstehen.
– Praktisch alle Übungen haben (auch) die Konzentration zum Inhalt. Insofern könnte jede Übung mit »Konzentration auf ...« überschrieben werden.
– Die Übungen sollen so lange durchgeführt werden, bis das Interesse und damit die Konzentration nachläßt.
– Da alle Übungen mit Konzentration zusammenhängen, sollte versucht werden, sie auch eine gewisse Zeit durchzuhalten. Erst dann wird die tiefe und gleichmäßige Konzentration auch wirklich trainiert. Deshalb sollte, wenn ein Nachlassen der Konzentration erkannt wird, jedesmal neu entschieden werden, ob man weitermacht, sich einer anderen Übung zuwendet oder mit dem Training aufhört. Aber: Eine gewisse Ausdauer ist Voraussetzung!
– Machen Sie nur eine Übung zur selben Zeit: Vermischen Sie die Übungen nicht. Eine Sache zu einer Zeit!
– Skalen-Werte sind immer individuell: eine 10 bei Frau A kann eine 7 bei Frau B sein, eine 3 bei Herrn C eine 9 bei Herrn D.
– Fast alle Übungen beginnen mit der Aufforderung »Spielen Sie einfache Bälle hin und her«. Diese Aufforderung gilt natürlich nur für die erste Bekanntschaft mit der Übung. Selbstverständlich können Sie praktisch jede Übung bis hin zur Matchsituation anwenden.

A Konzentration auf den Ball

1. Hopp & Hit

Spielen Sie einfache Bälle hin und her. Versuchen Sie dabei, beim Aufsprung des Balles auf den Boden jedesmal laut »Hopp«, beim Treffen des Balles mit dem Schläger »Hit« zu sagen. Versuchen Sie dies so präzise wie möglich. Nach einigem Training können Sie dieselbe Übung auch unter Match-ähnlichen Bedingungen durchführen. Das »Hopp« entfällt dann bei Flugbällen.

Achten Sie darauf: Lassen Sie sich von nichts ablenken. Es geht nur darum, präzise Hopp und Hit zu sagen!

2. Nähte beobachten

a) Spielen Sie einfache Bälle hin und her. Versuchen Sie, nach dem Aufsprung die Nähte des Tennisballes zu sehen. Entscheiden Sie, wenn Sie die Nähte gut erkennen können, ob sich der Ball vorwärts, rückwärts oder seitwärts dreht, wenn er auf Sie zukommt.

b) Versuchen Sie nun, die Nähte auch vor dem Aufsprung zu sehen. Wie drehen Sie sich?

3. »Kreis« erkennen

Spielen Sie einfache Bälle hin und her. Die Nähte bilden auf dem sich drehenden Ball optisch einen Kreis. Versuchen Sie, diesen Kreis zu erkennen. Wie groß ist er?

Achten Sie darauf: Schauen Sie die Nähte an! Alles andere ist zweitrangig.

4. Schwerkraft beobachten

Spielen Sie einfache Bälle hin und her. Beobachten Sie, wie die Schwerkraft den Ball nach unten zieht. Fällt der Ball gleichmäßig schnell oder beschleunigt er zum Aufsprung hin? Was passiert nach dem Aufsprung? Verwenden Sie Bälle verschiedener Marken oder alte und neue: Gibt es Unterschiede?

5. Hell-Dunkel beobachten

Spielen Sic cinfachc Bällc hin und hcr. Bcobachtcn Sie das Hell-Dunkel auf der Oberfläche des Balles. Durch den meist einseiti-

gen Lichteinfall von oben (Sonne oder Deckenbeleuchtung in der Halle) gibt es eine helle und eine dunkle Zone auf dem anfliegenden Ball. (Ähnlich wie auf dem von der Sonne beschienenen Mond!) Ändert sich die dunkle Fläche, während der Ball auf sie zukommt?
Achten Sie darauf: Nur das Hell-Dunkel, Licht und Schatten sind wichtig.

6. Zentimeter-Schätzung
Spielen Sie einfache Bälle hin und her. Beurteilen Sie exakt in Zentimetern, in welchem Abstand der Ball über das Netz fliegt. Beurteilen Sie zunächst nur die von Ihnen geschlagenen Bälle, nach einiger Übung auch die Ihres Gegenübers. Was ist Ihre Lieblingshöhe?
Achten Sie darauf: Nur präzise Zentimeter-Angaben zählen! Ungefähr einen halben Meter ist nicht präzise!

B Ökonomie/Energiefluß

1. Krafteinsatz I
Spielen Sie einfache Bälle hin und her. Beurteilen Sie auf einer Skala, die von 1 bis 10 reicht, wieviel Kraft Sie bei jedem Schlag eingesetzt haben. (1 = wenig Kraft, 10 = viel Kraft). Sprechen Sie Ihren Skalenwert laut aus. Liegen Ihre Werte weit auseinander?

2. Krafteinsatz II
Legen Sie für sich fest, welcher Krafteinsatz für Sie optimal ist, und versuchen Sie, mit dieser Kraft so viele Bälle hintereinander wie möglich zu schlagen. Sprechen Sie auch jetzt noch bei jedem Schlag den tatsächlichen Skalenwert Ihres Krafteinsatzes aus. Können Sie fünf Bälle mit dem gleichen Wert hintereinander schlagen?
Achten Sie darauf: Disziplin und Gleichmäßigkeit sind verlangt. Seien Sie ehrlich zu sich selbst!

3. Aufwand/Ergebnis
Spielen Sie einfache Bälle hin und her. Beurteilen Sie auf einer

Skala von 1 bis 10, in welchem Verhältnis der Aufwand (Kraft, Energie, Anstrengung usw.) und das Ergebnis jedes Schlages zueinander stehen. (1 = ungünstiges Verhältnis, z. B. sehr viel Aufwand, unbefriedigendes Ergebnis; 10 = optimales Verhältnis, z.B. geringer Aufwand, sehr befriedigendes Ergebnis). Welche Ökonomie-Stufe können Sie erreichen?

4. Bewegungsfluß I
Spielen Sie einfache Bälle hin und her. Beobachten Sie, ob Sie eine Unterbrechung, einen Stop, eine »Ecke« in Ihrer Bewegung haben, der Energie kostet. Versuchen Sie zu erleben, wann und wo dieser Stop passiert.

5. Bewegungsfluß II
a) Spielen Sie einfache Bälle hin und her. Beurteilen Sie auf einer Skala von 1 bis 10, ob Ihre Bewegung flüssig ist (1 = wenig Fluß, viele Ecken, 10 = sehr flüssig und rund).
b) Wie flüssig ist Ihr Aufschlag? 3, 7 oder 10? (Übrigens: Meiner ist 7 bis 8 ...)
Achten Sie darauf: Beurteilen Sie nicht Ihr Spiel-Ergebnis (Ball out oder in etc.), sondern konzentrieren Sie sich ausschließlich auf Ihren Energiefluß.

C Konstanz

1. Genauigkeit
Spielen Sie einfache Bälle hin und her. Nehmen Sie sich ein Ziel (Markierung, Hütchen o. ä.) und versuchen Sie, ihm so nahe wie möglich zu kommen. Beurteilen Sie bei jedem Schlag die geschätzte Abweichung in Metern und Zentimetern. Rufen Sie den Abstand laut Ihrem Partner zu. Wie oft treffen Sie das Ziel in fünf Minuten?
Achten Sie darauf: Jeder Ball wird geschätzt, keiner ausgelassen!

2. Tempo I
Spielen Sie einfache Bälle hin und her. Beurteilen Sie, welche Geschwindigkeit in Kilometern pro Stunde jeder Ihrer Bälle hatte – dreißig, fünfzig oder mehr?

3. Tempo II

Spielen Sie einfache Bälle hin und her. Versuchen Sie, konstant Bälle mit einer von Ihnen festgelegten Geschwindigkeit zu spielen (z.B. vierzig Stundenkilometer). Steigern Sie nach erreichter Konstanz dieses Tempo (z.B. zwanzig Schläge mit vierzig Stundenkilometer, zwanzig mit fünfzig, zwanzig mit sechzig.) Welche Geschwindigkeit könnte Ihre erfolgreichste werden?

4. Tempo III

Machen Sie Aufschläge. Beurteilen Sie, welche Geschwindigkeit in Kilometern pro Stunde jeder Ihrer Bälle hatte – zwanzig, vierzig, siebzig oder mehr?

5. Tempo IV

Machen Sie Aufschläge. Versuchen Sie, konstant mit einer von Ihnen festgelegten Geschwindigkeit zu spielen. Steigern Sie nach erreichter Konstanz dieses Tempo (z.B. zwanzig Aufschläge mit vierzig Stundenkilometer, zwanzig mit fünfzig, zwanzig mit sechzig).

D Entspannung

1. Ausatmen

Spielen Sie einfache Bälle hin und her. Konzentrieren Sie sich nur darauf, während der gesamten Zuschlagbewegung auszuatmen, Ihren Atem strömen zu lassen.
Achten Sie darauf: Um sich wirklich zu entspannen, sollte tief ausgeatmet werden.

2. Summen

Spielen Sie einfache Bälle hin und her. Versuchen Sie, während des gesamten Schlagablaufs möglichst gleichmäßig zu summen. Beobachten Sie sich und Ihre Tonschwankungen (auch Ökonomie/Energiefluß). Ist ihr Summen tief oder hoch, wechseln die Töne?

3. Singen

Spielen Sie einfache Bälle hin und her. Singen Sie während des

Spielens Ihr Lieblingslied. Werden Sie durch Singen locker und entspannt?

4. Musik
Hören Sie während Ihres Trainings Musik (mit Walkman, vom Band o. ä.), die Ihnen selbst gefällt. Hat die Musik Einfluß auf Ihre Bewegungen?

5. Entspannungs-Skala
Spielen Sie einfache Bälle hin und her. Beurteilen Sie auf einer Skala von 1 bis 10, wie entspannt Sie beim Schlag sind. (1 = sehr angespannt, 10 = sehr entspannt)

6. Griffskala I (Tennisarm-Übung)
Spielen Sie einfache Bälle hin und her. Beurteilen Sie auf einer Skala von 1 bis 10, wie fest Sie den Schläger beim Schlag halten (1 = sehr locker, 10 = sehr fest). In welchem Bereich bewegen sich Ihre Werte?

7. Griffskala II
Versuchen Sie, die für Ihr Spiel ideale Festigkeit (Skalenwert) herauszufinden und damit möglichst viele Bälle in Folge zu spielen. Verändert sich Ihr Idealwert in verschiedenen Spielsituationen?
Achten Sie darauf: Nur das Erleben Ihrer Griffestigkeit ist von Bedeutung! Ergebnisse spielen jetzt keine Rolle!

E Energie

Urschrei

Spielen Sie einfache Bälle hin und her. Versuchen Sie, im Moment des Schlages alle Luft vollständig herauszupressen – bis hin zum Schrei.
Hinweis: Es empfiehlt sich, diese Übung in der Halle zu machen. Es kann leicht passieren (und soll auch!), daß die Bälle beim Urschrei plötzlich sehr sehr weit fliegen ...

F Sinnes-Entwicklung

Fühlen

1. Rahmen-Test

(Partnerübung) Nehmen Sie den Schläger in die Hand und schließen Sie die Augen. Ihr Partner tippt an verschiedene Stellen des Rahmens, Sie sollen herausfinden, wo (oben, unten, vorne, hinten). Welche Trefferquote haben Sie?

2. Mitte treffen

Spielen Sie einfache Bälle hin und her. Beurteilen Sie bei jedem Schlag mit »Ja« oder »Nein«, ob Sie den Ball mit der Mitte des Schlägers getroffen haben.
Achten Sie darauf: Nur exakte »Volltreffer« sind »ja«!

3. Warmlaufen

Versuchen Sie beim Warmlaufen zu spüren, ob Ihre Fußgelenke zwischen den Bodenkontakten entspannt sind. Spüren Sie den Wechsel zwischen Anspannung und Entspannung? Versuchen Sie das gleiche anschließend beim Warmspielen.

4. Freiheit im Handgelenk

Spielen Sie einfache Bälle hin und her. Beurteilen Sie auf einer Skala von 1 bis 10, wie frei, wie locker Ihr Handgelenk beim Schlag ist (1 = sehr starr; 10 = sehr frei). Verändert sich Ihre Lockerheit während eines Ballwechsels?

5. Schlägertempo I

Trainieren Sie erste und zweite Aufschläge. Beurteilen Sie auf einer Skala von 1 bis 10, wie schnell die Zuschlaggeschwindigkeit Ihres Schlägerkopfes ist (1 = langsam; 10 = schnell).

6. Aufschlag-Tempo II

Legen Sie für den ersten und den zweiten Aufschlag einen idealen Skalenwert fest. Versuchen Sie, so konstant und spielnah wie möglich Aufschläge mit diesen zwei Geschwindigkeiten zu trainieren.

7. Ballgefühl

Spielen Sie einfache Bälle hin und her. Beurteilen Sie auf einer Skala von 1 bis 10, wieviel Gefühl in Ihrem Schlag war. (1 = sehr wenig Gefühl, 10 = sehr viel Gefühl). Können Sie Ihr Gefühl steigern? (Anm. d. Autors: Sicherlich!)

8. Wohlfühlen

Spielen Sie einfache Bälle hin und her. Beurteilen Sie auf einer Skala von 1 bis 10, wie wohl Sie sich bei jedem Schlag gefühlt haben (1 = wenig Wohlgefühl; 10 = viel Wohlgefühl)
Achten Sie darauf: Fühlen Sie sich selbst! Das Ergebnis des Schlages muß nichts mit dem Wohlgefühl zu tun haben!

9. Puls fühlen

Setzen Sie sich während des Trainings für eine Minute hin und versuchen Sie, Ihren Puls an irgendeiner Körperstelle wahrzunehmen – ohne irgendwelche fachlichen Griffe am Handgelenk oder am Hals! Senkt er sich während dieser kurzen Pause?

10. Atemrhythmus spüren

Machen Sie in Ihrem Training eine kurze Pause und versuchen Sie nur, Ihren Atemrhythmus zu erleben – ganz passiv. Schaffen Sie es, diesen passiven Zustand eine volle Minute lang zu halten?

Hören

1. Rutschen

Versuchen Sie beim Training, das Rutschen Ihrer Füße über den Belag bewußt zu hören.

2. Trocken-Aufschlag

a) Trainieren Sie konzentriert einige Aufschläge trocken, das heißt ohne Ball. Versuchen Sie dabei, das Rauschen des Schlägerkopfes beim Durchschwung zu hören. Wo und wann ist das Rauschen am stärksten?
b) Dasselbe mit Ball: Können Sie das Rauschen immer noch hören?
c) Spielen Sie einfache Bälle hin und her. Können Sie auch das Rauschen der Grundschläge hören?

3. Mitte treffen
Spielen Sie einfache Bälle hin und her. Versuchen Sie zu hören, ob Sie den Ball mit der Mitte Ihres Schlägers getroffen haben. Entscheiden Sie bei jedem Ball mit »ja« oder »nein«.
Achten Sie darauf: Nur der Klang der Saite ist von Bedeutung.

4. Schläger-Klang I
Versuchen Sie, den Klang Ihres eigenen Schlägers zu hören und Unterschiede festzustellen. Klingt Ihre Vorhand anders als Ihre Rückhand?

5. Schläger-Klang II
Nehmen Sie Ihren Schläger direkt nach dem Schlag ans Ohr und versuchen Sie, das Nachklingen im Herzbereich zu hören. Können Sie das Nachklingen immer hören?

Sehen
(siehe Konzentration)

G Balance

Auf dem Tennisplatz

1. Spielen Sie einfache Bälle hin und her. Versuchen Sie, mit »Ja« oder »Nein« zu beurteilen, ob Sie Ihren Schlag in Balance oder nicht in Balance durchgeführt haben. Beurteilen Sie wirklich jeden Schlag. Bei welchen Grundschlägen verlieren Sie das Gleichgewicht?

2. Trainieren Sie Aufschläge. Versuchen Sie, mit »Ja« oder »Nein« zu beurteilen, ob Sie Ihren Aufschlag in Balance oder nicht in Balance durchgeführt haben. Beurteilen Sie wirklich jeden einzelnen Aufschlag. Gibt es Unterschiede zwischen Ihrem ersten und dem zweiten?

3. Trainieren Sie speziell das Rutschen auf Sandplätzen – beim Netzangriff, beim Erlaufen eines Stops, beim Erreichen eines gut plazierten Drives. Versuchen Sie mit »Ja« oder »Nein« zu beurteilen, ob Ihr Rutschen ausbalanciert war oder nicht. Können Sie nach dem Rutschen in alle Richtungen starten?

Allgemein (im Büro, zu Hause, überall möglich)

4. Mitte finden
(Mit geschlossenen Augen) Stellen Sie sich fest auf beide Füße. Lehnen Sie sich abwechselnd nach vorne, nach hinten, nach links und nach rechts, ohne den vollen Kontakt mit Ihrer gesamten Fußfläche auf dem Boden zu verlieren. Versuchen Sie, über die Fußflächen Ihre persönliche Mitte, in der Sie vollkommen ausbalanciert stehen, zu finden. Vergleichen Sie die Stellung mit der Ausgangsstellung.

5. Linien-Balancieren I
Nehmen Sie sich einen beliebigen, aber geraden Strich auf dem Boden (Muster im Teppichboden, mit Kreide gezogen, Begrenzungslinie des Tennisfeldes etc.) und versuchen Sie, gerade auf ihm zu balancieren, als ob es in drei Meter Höhe wäre. Sind Sie heruntergefallen?

6. Linien-Balancieren II
Wiederholen Sie die Übung mit einer gedachten Linie und mit geschlossenen Augen. Versuchen Sie, ans Ziel zu kommen. Wie weit ist die Abweichung vom Ziel?

7. Körperdrücken
(Partnerübung) Stehen Sie seitlich Schulter an Schulter mit Ihrem Partner und versuchen Sie, sich gegenseitig wegzuschieben.
Achten Sie darauf: Wenn Ihr Kopf immer über der Körpermitte ist, erreichen Sie am meisten Druck.

8. Stellungskampf
(Partnerübung) Die Partner stehen sich gegenüber, ihre Füße sollten auf einer Linie stehen und dort bleiben. Versuchen Sie nun, Ihren Partner durch leichte Schläge mit der Handfläche aus dem Gleichgewicht zu bringen. Kein drücken oder festhalten!

9. Schwebebalken I
Versuchen Sie, über einen Schwebebalken, einen Rundbalken (oder Ähnliches) vorwärts und rückwärts zu balancieren, variieren Sie das Tempo von sehr langsam bis zügig.

10. Schwebebalken II
Wiederholen Sie die Übung mit geschlossenen Augen (mit Sicherung!). Schaffen Sie es, ohne herunterzufallen?
Achten Sie darauf: Bei allen Balance-Übungen ist die volle Konzentration auf die wichtigen Muskelpartien entscheidend.

H Mosaiksteine der Persönlichkeit

1. Spaß
Spielen Sie einfache Bälle hin und her. Beurteilen Sie auf einer Skala von 1 bis 10, wieviel Spaß Ihnen jeder Schlag gemacht hat (1 = sehr wenig Spaß, 10 = sehr viel Spaß). Wieviel Spaß hatten Sie beim letzten Match?
Achten Sie darauf: Zum Spaß kann man sich entschließen!

2. Geduld
Spielen Sie einfache Bälle hin und her. Beurteilen Sie auf einer Skala von 1 bis 10, mit wieviel Geduld Sie jeden Schlag ausgeführt haben (1 = sehr wenig Geduld, 10 = sehr viel Geduld). Ist Geduld für Ihr Spiel wichtig?

3. Aufmerksamkeit
Spielen Sie einfache Bälle hin und her. Beurteilen Sie auf einer Skala von 1 bis 10, wie aufmerksam Sie jeden Schlag gespielt haben (1 = nicht aufmerksam, 10 = sehr aufmerksam).

4. Hektik
Spielen Sie einfache Bälle hin und her. Beurteilen Sie auf einer Skala von 1 bis 10, ob Sie während des Schlages Hektik verspüren (1 = sehr viel Hektik, 10 = sehr wenig Hektik).

5. Vertrauen
Spielen Sie einfache Bälle hin und her. Beurteilen Sie auf einer Skala von 1 bis 10, wieviel Vertrauen Sie bei jedem Schlag in sich hatten (1 = sehr wenig Vertrauen, 10 = sehr viel Vertrauen).

6. Gelassenheit
a) Spielen Sie Bälle hin und her. Beurteilen Sie auf einer Skala

von 1 bis 10, wieviel Gelassenheit Sie bei jedem Schlag verspürt haben (1 = sehr wenig Gelassenheit, 10 = sehr viel Gelassenheit).
b) Versuchen Sie herauszufinden, wo Sie in Ihrem Körper Verspannungen entdecken können. Lokalisieren Sie die Verspannung so genau wie möglich. Versuchen Sie es, wann immer sich eine Gelegenheit dazu bietet – auf dem Tennisplatz, bei der Arbeit, zu Hause ... Wo verspannen Sie sich am leichtesten?

7. Disziplin

Spielen Sie Bälle hin und her. Beurteilen Sie auf einer Skala von 1 bis 10, wie diszipliniert Sie bei jedem einzelnen Schlag gewesen sind (1 = nicht diszipliniert, 10 = sehr diszipliniert).

8. Ehrlichkeit

Stellen Sie zunächst fest, wie Ihr erster und Ihr zweiter Aufschlag genau aussehen. Spielen Sie anschließend nach folgendem Schema gegen sich selbst:

1. + 2. Aufschlag im Feld	=	Punkt für Sie (15:0)
1. Fehler, 2. im Feld	=	kein Punkt
1. im Feld, 2. Fehler	=	kein Punkt
1. + 2. Aufschlag Fehler	=	Punktverlust (0:15)

Achten Sie darauf: Bleiben Sie immer ehrlich! Spielen Sie »echte« Aufschläge!

I Ergebnis-Orientierung

Spielen Sie mit Ihrem Partner Grundlinienbälle und zählen Sie,
a) wieviel Ballwechsel Sie in fünf Minuten schaffen. (Fehler erlaubt, aber nur ein Ball im Spiel)
b) wie oft Sie den Ball hin- und herschlagen können, ohne einen Fehler zu machen.
c) wieviel Ballwechsel Sie in einer Minute ohne Fehler schaffen.
Nehmen Sie sich vor, Ihr Ergebnis beim nächstenmal zu verbessern!

K Prognose-Training

Machen Sie zehn Aufschläge. Danach nehmen Sie zehn neue Bälle und stellen eine Prognose, wieviel Aufschläge diesmal im Aufschlagfeld landen. Vergleichen Sie Ihre Prognose mit dem tatsächlichen Ergebnis. Versuchen Sie herauszufinden, mit welcher Prognose Sie die größte Übereinstimmung schaffen. Wiederholen Sie diese Zehnerserien so lange, wie Sie das Gefühl haben, vorwärtszukommen.
Achten Sie darauf: Spielen Sie echte Aufschläge, wie im Match.

L Single-Chance

1. Spielen Sie einen einzigen Aufschlag – Sie haben nur diese eine Chance! Bereiten Sie sich vor, als ob es der entscheidende Aufschlag in einem wichtigen Match wäre. Es kann ein erster oder ein zweiter Aufschlag sein. Nach diesem einen Versuch machen Sie eine Pause – Sie können nun andere Elemente trainieren, ausruhen oder sich auf die nächste »Single-Chance« vorbereiten.

2. Üben Sie mit Ihrem Partner den »Single-Chance-Passierball« – Sie haben nur diese eine Chance! Bereiten Sie sich vor, als ob es der entscheidende Passierball in einem wichtigen Match wäre. Nach diesem einen Versuch machen Sie eine Pause – Sie können nun andere Elemente trainieren, ausruhen oder sich auf die nächste »Single-Chance« vorbereiten.

3. Üben Sie mit Ihrem Partner den »Single-Chance-Stop« – Sie haben nur diese eine Chance! Bereiten Sie sich vor, als ob es der entscheidende Stop in einem wichtigen Match wäre. Nach diesem einen Versuch machen Sie eine Pause – Sie können nun andere Elemente trainieren, ausruhen oder sich auf die nächste »Single-Chance« vorbereiten.
Achten Sie darauf: Es gibt nur diese einzige Chance!

M Störungen

Sie spielen Tennis, und Ihre Mitspieler haben die Aufgabe, Sie in Ihrer Konzentration zu stören. Alles außer physischer Gewalt ist erlaubt! Versuchen Sie, einen Wert oberhalb von 5 auf der Konzentrationsskala (1 bis 10) zu erreichen.
Achten Sie darauf: Lassen Sie sich von nichts und niemanden aus der Ruhe bringen! Nicht auf dem Tennisplatz und auch sonst nirgends!

Viel Spaß mit den INNER-COACHING-Übungen!

Golf

Prinzipielle Hinweise

– Natürlich wären zu jeder Übung vielerlei Erläuterungen möglich. Es wird jedoch darauf verzichtet, da es jetzt ausschließlich um Erkennen und Erleben geht, nicht um Analysieren und Verstehen.

– Praktisch alle Übungen haben (auch) die Konzentration zum Inhalt. Insofern könnte jeder Schwerpunkt auch mit »Konzentration auf ...« überschrieben werden.

– Die Übungen sollen so lange durchgeführt werden, bis das Interesse und damit die Konzentration nachläßt.

– Da alle Übungen mit Konzentration zusammenhängen, sollte versucht werden, sie auch eine gewisse Zeit durchzuhalten. Erst dann wird die tiefe und gleichmäßige Konzentration auch wirklich trainiert. Deshalb sollte, wenn ein Nachlassen der Konzentration erkannt wird, jedesmal neu entschieden werden, ob man weitermacht, sich einer anderen Übung zuwendet oder mit dem Training aufhört. Aber: Eine gewisse Ausdauer ist sinnvoll.

– Machen Sie nur eine Übung zur selben Zeit: Vermischen Sie die Übungen nicht. Eine Sache zu einer Zeit!

A Konzentration

1. Back & Hit

Führen Sie zwanzig oder mehr Abschläge aus. Versuchen Sie am Umkehrpunkt zwischen Ausholen und Zuschlagen hörbar »Back«, im Moment des Treffens »Hit« zu sagen. Kennzeichnen Sie Wende- und Treffpunkt ganz exakt. Wie präzise können Sie »Back – Hit« sagen?

(Diese »klassische« Konzentrationsübung wurde zuerst von Timothy Gallwey vorgestellt; siehe Vorwort)
Achten Sie darauf: Lassen Sie sich von nichts ablenken! Es geht nur darum, präzise Back und Hit zu sagen.

2. Dimple beobachten
Führen Sie zwanzig oder mehr Abschläge aus. Versuchen Sie, im Moment des Schlages die Dimple auf Ihrem Golfball zu erkennen. Haben Sie schon jemals den Ball ganz kurz vor dem Schlag erlebt?
Achten Sie darauf: Schauen Sie die Dimple an! Alles andere ist zweitrangig!

3. Da-da-da (Erweiterung Back & Hit)
Führen Sie zwanzig oder mehr Abschläge aus. Kennzeichnen Sie die drei entscheidenden Punkte des Schlages jeweils mit einem hörbaren »Da«: 1. Beginn, 2. Umkehrpunkt. 3. Treffpunkt. Versuchen Sie, sehr präzise zu sein.

4. Flugkurve beobachten
Führen Sie zwanzig oder mehr Abschläge aus. Versuchen Sie, die gesamte Flugkurve dreidimensional zu erleben. Fliegt der Ball sehr hoch? Startet er zunächst nach rechts und fliegt dann nach links? Fliegt er flach?

5. Umgebung sehen
Konzentrieren Sie sich beim Gehen auf der Runde darauf, sich den Rasen, das Grün und die Beschaffenheit des Bodens genau anzusehen. Lernen und üben Sie das »3-D-Sehen« (Dreidimensionales Sehen = Erkennen von Abständen und Entfernungen) auf jedem Spaziergang, bei jeder Gelegenheit.

B Ökonomie/Energiefluß

1. Krafteinsatz I
Führen Sie zwanzig oder mehr Abschläge aus. Beurteilen Sie auf einer Skala, die von 1 bis 10 reicht, wieviel Kraft Sie bei jedem Schlag eingesetzt haben. (1 = wenig Kraft, 10 = viel Kraft). Liegen Ihre Werte weit auseinander?

2. Krafteinsatz II
Legen Sie für sich fest, welcher Krafteinsatz für Sie optimal ist, und nehmen Sie sich vor, mit dieser Kraft so viele Bälle wie möglich zu schlagen. Sprechen Sie auch jetzt noch bei jedem Schlag den Skalenwert Ihres tatsächlichen Krafteinsatzes aus. Können Sie fünf Bälle mit dem gleichen Wert hintereinander schlagen?
Achten Sie darauf: Disziplin und Gleichmäßigkeit sind verlangt. Seien Sie ehrlich zu sich selbst.

3. Aufwand / Ergebnis
Führen Sie zwanzig oder mehr Abschläge aus. Beurteilen Sie auf einer Skala von 1 bis 10, in welchem Verhältnis der Aufwand (= Kraft) und das Ergebnis jedes Schlages zueinander stehen. (1 = ungünstiges Verhältnis, z. B. sehr viel Aufwand, unbefriedigendes Ergebnis; 10 = optimales Verhältnis, z. B. geringer Aufwand, sehr befriedigendes Ergebnis). Welche Ökonomie-Stufe können Sie erreichen?

4. Bewegungsfluß I
Führen Sie zwanzig oder mehr Abschläge aus. Beobachten Sie, ob Sie eine Unterbrechung, einen Stop oder eine »Ecke« in Ihrer Bewegung haben, der Energie kostet. Versuchen Sie zu erleben, wann und wo dieser Stop passiert.

5. Bewegungsfluß II
a) Führen Sie zwanzig oder mehr Abschläge aus. Beurteilen Sie auf einer Skala von 1 bis 10, ob Ihre Bewegung flüssig ist (1 = wenig Fluß, unrund, 10 = sehr flüssig und rund).
b) Wie flüssig ist Ihr Annäherungsschlag? 2, 5 oder 9?
Achten Sie darauf: Beurteilen Sie nicht Ihr Schlagergebnis, sondern konzentrieren Sie sich ausschließlich auf Ihren Energiefluß.

C Konstanz

1. Genauigkeit I
Führen Sie zwanzig oder mehr Abschläge aus. Versuchen Sie dabei, sich ein sehr genaues Ziel zu nehmen, dieses Ziel zu

fixieren und den Schlag einfach geschehen zu lassen. Schauen Sie dem Ball genau nach und bewerten Sie die Genauigkeit, wenn der Ball zur Ruhe gekommen ist: wieviel Meter kurz, lang, links oder rechts?

2. Genauigkeit wie im Wettspiel

a) Wechseln Sie nun alle fünf Schläge das Ziel und dementsprechend auch den Schläger.

b) Eine exakte Annäherung an das Wettspiel erreichen Sie, nach einiger Übung, bei einem Ziel- und Schlägerwechsel nach jedem Schlag.

3. Genauigkeit II

Führen Sie zwanzig oder mehr Abschläge aus. Nehmen Sie sich ein genaues Ziel, fixieren Sie dieses Ziel. Schätzen Sie nun, wo der Ball landen wird, allerdings schon in dem Moment, wenn der Ball wegfliegt. Wieviel Meter links, rechts, kurz oder lang? Wie präzise können Sie schätzen?

4. Tempo I

Führen Sie zwanzig oder mehr Abschläge aus. Schätzen Sie dabei so bald wie möglich nach dem Schlag, welche Geschwindigkeit in Kilometer/Stunde Ihr Ball beim Abschlag hatte – siebzig, hundertzehn, hundertfünfzig oder hundertachtzig? *Achten Sie darauf: Schaffen Sie sich Ihren eigenen Golf-Tachometer. Niemand wird mit dem Eichstab kommen!*

5. Tempo II

Führen Sie zwanzig oder mehr Abschläge aus. Nehmen Sie sich eine ganz bestimmte Geschwindigkeit (auf »Ihrer« Stundenkilometer-Skala) vor und versuchen Sie, diese so konstant wie möglich einzuhalten. Steigern Sie nach einiger Übung die Geschwindigkeit. Welche Geschwindigkeit könnte Ihre erfolgreichste sein? Erzeugen Ihre verschiedenen Schläger verschiedene Geschwindigkeiten?

6. Schlägerkopf-Tempo I

Führen Sie zwanzig oder mehr Abschläge aus. Versuchen Sie, die Geschwindigkeit Ihres Schlägerkopfes zu erleben. Beurteilen Sie auf einer Skala von 1 bis 10, wie schnell er im Moment des Treffens war (1 = langsam, 10 = sehr schnell).

7. Schlägerkopf-Tempo II
Führen Sie zwanzig oder mehr Abschläge aus. Versuchen Sie, auf der in Übung 6 beschriebenen Skala eine für Sie ideale Schlägerkopfgeschwindigkeit herauszufinden und damit konstant abzuschlagen. Beurteilen Sie auch jetzt noch bei jedem Schlag die Schlägerkopf-Geschwindigkeit. Können Sie fünf Bälle mit dem gleichen Skalenwert spielen?

D Entspannung

1. Ausatmen
Führen Sie zwanzig oder mehr Abschläge aus. Konzentrieren Sie sich nur darauf, während der gesamten Zuschlagbewegung auszuatmen, Ihren Atem strömen zu lassen.
Achten Sie darauf: Um sich wirklich zu entspannen, sollte tief ausgeatmet werden.

2. Summen
Führen Sie zwanzig oder mehr Abschläge aus. Versuchen Sie, während des gesamten Schlagablaufs gleichmäßig zu summen. Beobachten Sie sich und Ihre Tonschwankungen (auch Ökonomie/Energiefluß). Ist Ihr Summen tief oder hoch, wechseln die Töne?

3. Singen
Führen Sie zwanzig oder mehr Abschläge aus. Singen Sie während des Spielens Ihr Lieblingslied. Werden Sie durch das Singen locker und entspannt?

4. Musik
Führen Sie zwanzig oder mehr Abschläge aus. Benutzen Sie einen Walkman und hören Sie während des Trainings eine Musik, die Ihnen selbst gefällt. Hat die Musik Einfluß auf Ihre Bewegungen?

5. Entspannungs-Skala
Führen Sie zwanzig oder mehr Abschläge aus. Beurteilen Sie auf einer Skala von 1 bis 10, wie entspannt Sie beim Schlag sind (1 = wenig entspannt, 10 = sehr entspannt).

6. Griffskala I (Golfarm-Übung)
Führen Sie zwanzig oder mehr Abschläge aus. Beurteilen Sie auf einer Skala von 1 bis 10, wie fest Sie den Schläger beim Schlag halten (1 = sehr locker, 10 = sehr fest). In welchem Bereich bewegen sich Ihre Werte?

7. Griffskala II
Führen Sie zwanzig oder mehr Abschläge aus. Beurteilen Sie auf derselben Skala, wie fest Sie den Schläger mit der linken Hand halten.

8. Griffskala III
Führen Sie zwanzig oder mehr Abschläge aus. Beurteilen Sie auf derselben Skala, wie fest Sie den Schläger mit der rechten Hand halten.

9. Griffskala IV
Versuchen Sie, die für Ihr Spiel ideale Festigkeit herauszufinden und so möglichst viele Bälle in Folge abzuschlagen. Verändert sich Ihr Idealwert in verschiedenen Spielsituationen?
Achten Sie darauf: Bei allen Griffskala-Übungen sollten Sie bei jedem Schlag Ihre Griffempfindung beurteilen und sich selbst mitteilen.

E Sinnesentwicklung

Fühlen

1. Mitte treffen
Führen Sie zwanzig oder mehr Abschläge aus. Beurteilen Sie mit »Ja« oder »Nein«, ob Sie den Ball mit der Mitte des Schlägers getroffen haben.
Achten Sie darauf: Nur exakte Volltreffer sind »Ja«!

2. Vibrationen erleben
Führen Sie zwanzig oder mehr Abschläge aus. Konzentrieren

Sie sich darauf, die Vibrationen Ihres Schlägerschaftes beim und nach dem Schlag zu spüren. Vibrieren alle Schäfte gleich?

3. Gewicht spüren
Führen Sie zwanzig oder mehr Abschläge aus. Beurteilen Sie auf einer Skala von 1 bis 10, wie sehr Sie das Kopfgewicht des Schlägers beim Schlag gespürt haben. (1 = kaum gespürt, 10 = voll erlebt).

4. Verspannungen
Führen Sie zwanzig oder mehr Abschläge aus. Konzentrieren Sie sich darauf, Verspannungen in Ihrem Körper zu entdecken. Lokalisieren Sie diese Verspannungen so exakt wie möglich. Wo verspannen Sie sich am schnellsten?

5. Gefühl
Führen Sie zwanzig oder mehr Abschläge aus. Beurteilen Sie auf einer Skala von 1 bis 10, wieviel Gefühl in Ihrem Schlag war (1 = sehr wenig Gefühl, 10 = sehr viel Gefühl).
Achten Sie darauf: Nur das Gefühl ist wichtig, nicht das Ergebnis.

6. Freiheit in den Handgelenken
Führen Sie zwanzig oder mehr Abschläge aus. Beurteilen Sie auf einer Skala von 1 bis 10, wie frei, wie locker Ihre Handgelenke beim Schlag waren (1 = sehr starr, 10 = sehr frei). Verändert sich die Lockerheit während einer Runde?

7. Wohlfühlen
Führen Sie zwanzig oder mehr Abschläge aus. Beurteilen Sie auf einer Skala von 1 bis 10, wie wohl Sie sich bei jedem Schlag gefühlt haben (1 = wenig Wohlgefühl, 10 = viel Wohlgefühl).

8. Trocken-Schlag
Schließen Sie die Augen und führen Sie »trocken« (ohne Ball) einige Abschläge aus. Versuchen Sie nur, Ihren Schwung genau zu spüren. Spüren Sie mit geschlossenen Augen mehr als mit geöffneten?

9. Gehen erleben
Versuchen Sie, beim Gehen auf der Runde zu spüren, ob Ihre

Fußgelenke frei und locker sind, ob Ihre Hüfte locker oder angespannt ist.

10. Puls fühlen

Setzen Sie sich während des Trainings für eine Minute hin und versuchen Sie, Ihren Puls an irgendeiner Körperstelle wahrzunehmen – ohne irgendwelche fachlichen Griffe am Handgelenk oder am Hals! Senkt sich der Puls während dieser kurzen Pause?

11. Atemrhythmus spüren

Machen Sie in Ihrem Training eine kurze Pause und versuchen Sie nur, Ihren Atemrhythmus zu erleben – ganz passiv. Schaffen Sie es, diesen passiven Zustand eine volle Minute lang zu halten?

Hören

1. Schläger-Rauschen

a) Führen Sie einige Abschläge »trocken« (ohne Ball) durch. Versuchen Sie, dem Rauschen des Schlägers durch die Luft genau zuzuhören.

b) Führen Sie die gleiche Übung mit Ball durch. Können Sie das Rauschen immer noch genauso hören?

2. Treffer-Klang

Führen Sie zwanzig oder mehr Abschläge aus. Beurteilen Sie auf einer Skala von 1 bis 10, ob der Klang des Schlägers auf dem Ball voll und satt oder eher dünn war (1 = dünn, 10 = voll)

Achten Sie darauf: Nur der Klang des Schlägers ist von Bedeutung.

3. Ball-Zischen

Führen Sie zwanzig oder mehr Abschläge aus. Versuchen Sie, das Geräusch des wegfliegenden Balles zu hören. Können Sie verschiedene Arten dieses »Zischens« unterscheiden?

4. Eigen-Geräusche

Führen Sie zwanzig oder mehr Abschläge aus. Hören Sie sich selbst zu: Können Sie irgendwelche Geräusche (Stöhnen, Seufzen etc.) feststellen?

Sehen

(Siehe Konzentration)

F Balance

Auf der Driving Range

1. Gleichgewicht Ja/Nein

a) Führen Sie zwanzig oder mehr Abschläge aus. Beurteilen Sie (so bald wie möglich nach jedem Schlag) mit »Ja« oder »Nein«, ob Sie beim Schlag im Gleichgewicht, also ausbalanciert waren oder nicht. Bei welchen Schlägen verlieren Sie Ihre Balance?
b) Führen Sie zwanzig oder mehr Abschläge aus. Beurteilen Sie (so bald wie möglich nach jedem Schlag) mit »Ja« oder »Nein«, ob Sie im Moment des Treffpunktes im Gleichgewicht (ausbalanciert) waren oder nicht.
c) Beurteilen Sie jetzt (so bald wie möglich nach dem Schlag) mit »Ja« oder »Nein«, ob Sie am Ende des Ausschwungs im Gleichgewicht (ausbalanciert) waren oder nicht.

2. Füße zusammen

Führen Sie zwanzig oder mehr Abschläge aus. Stellen Sie die Füße eng zusammen und führen Sie so die Abschläge aus. *Achten Sie auf Ihre Balance.*

3. Auf einem Bein

Führen Sie zwanzig oder mehr Abschläge aus. Stehen Sie auf einem Bein (nach einiger Zeit wechseln) und führen Sie so die Abschläge aus. Achten Sie auf Ihre Balance. Können Sie so noch Golf spielen?

4. Fußsohlen spüren

Führen Sie zwanzig oder mehr Abschläge aus. Versuchen Sie während des Schlages, Ihre Fußsohlen zu spüren. Wie verteilt sich der Druck? Wo liegen die Belastungen beim Ausholen, beim Umkehrpunkt, im Moment des Treffens und beim Ausschwung? Sind Ihre Zehen entspannt?

Allgemein (im Büro, zu Hause, überall möglich)

(Hinweis: Die allgemeinen Übungen zur Balance entsprechen denen des Tennis-Kapitels. Für »Nur-Golfer« sind sie hier noch einmal aufgeführt)

5. Mitte finden

(Mit geschlossenen Augen) Stellen Sie sich fest auf beide Füße.

Lehnen Sie sich abwechselnd nach vorne, nach hinten, nach links und nach rechts, ohne den vollen Kontakt mit Ihrer gesamten Fußfläche auf dem Boden zu verlieren. Versuchen Sie, über die Fußflächen Ihre persönliche Mitte, in der Sie vollkommen ausbalanciert stehen, zu finden. Vergleichen Sie die Stellung mit der Ausgangsstellung.

6. Linien-Balancieren I

Nehmen Sie sich einen beliebigen, aber geraden Strich auf dem Boden (Muster im Teppichboden, mit Kreide gezogen), und versuchen Sie, gerade auf ihm zu balancieren, als ob er in drei Meter Höhe wäre. Sind Sie heruntergefallen?

7. Linien-Balancieren II

Wiederholen Sie die Übung mit einer gedachten Linie und mit geschlossenen Augen. Versuchen Sie, ans Ziel zu kommen. Wie weit ist die Abweichung vom Ziel?

8. Körperdrücken

(Partnerübung) Stehen Sie seitlich Schulter an Schulter mit Ihrem Partner und versuchen Sie, sich gegenseitig wegzuschieben.

Achten Sie darauf: Wenn Ihr Kopf immer über der Körpermitte ist, erreichen Sie am meisten Druck.

9. Stellungskampf

(Partnerübung) Die Partner stehen sich gegenüber, ihre Füße sollten auf einer Linie stehen und dort bleiben. Versuchen Sie nun, Ihren Partner durch leichte Schläge mit der Handfläche aus dem Gleichgewicht zu bringen. Kein drücken oder festhalten!

10. Schwebebalken I

Versuchen Sie, über einen Schwebebalken, einen Rundbalken (oder Ähnliches) vorwärts und rückwärts zu balancieren, variieren Sie das Tempo von sehr langsam bis zügig.

11. Schwebebalken II

Wiederholen Sie die Übung mit geschlossenen Augen (mit Sicherung!). Schaffen Sie es, ohne herunterzufallen?

Achten Sie darauf: Bei allen Balance-Übungen ist die volle Konzentration auf die wichtigen Muskelpartien entscheidend.

G Putten

1. Blind putten

Spielen Sie einige Putts, um Ihr Gefühl richtig einzustellen. Spielen Sie anschließend zwanzig oder mehr Putts auf folgende Weise: Schauen Sie sich den gewünschten Ballweg sehr genau an, schließen Sie dann die Augen und putten Sie. Bevor Sie die Augen wieder öffnen, beurteilen Sie, wo der Ball liegt: Im Loch, kurz, lang, links oder rechts. Versuchen Sie, die Abweichung möglichst genau in Zentimetern auszudrücken. Öffnen Sie erst nach der Schätzung die Augen und vergleichen Sie Ihr Gefühl mit dem tatsächlichen Ergebnis.

2. Visualisierung

Spielen Sie zwanzig oder mehr Putts. Versuchen Sie jedesmal, sich sehr exakt vor Ihrem geistigen Auge den Weg vorzustellen, den der Ball nehmen soll.
Achten Sie darauf: Spielen Sie den Putt erst nach mehrmaligem Visualisieren.

H Mosaiksteine der Persönlichkeit

1. Spaß

Führen Sie zwanzig oder mehr Abschläge aus. Beurteilen Sie auf einer Skala von 1 bis 10, wieviel Spaß Ihnen jeder Schlag gemacht hat (1 = sehr wenig Spaß, 10 = sehr viel Spaß). Lassen Sie ruhig eine gewisse Streuung in Ihren Schlägen zu.
Achten Sie darauf: Zum Spaß kann man sich entschließen!

2. Geduld

Führen Sie zwanzig oder mehr Abschläge aus. Beurteilen Sie auf einer Skala von 1 bis 10, mit wieviel Geduld Sie jeden Schlag ausgeführt haben (1 = sehr wenig Geduld, 10 = sehr viel Geduld). Ist Geduld für Ihr Spiel wichtig?

3. Aufmerksamkeit

Führen Sie zwanzig oder mehr Abschläge aus. Beurteilen Sie auf einer Skala von 1 bis 10, wie aufmerksam Sie jeden Schlag gespielt haben (1 = nicht aufmerksam, 10 = sehr aufmerksam).

4. Hektik

Führen Sie zwanzig oder mehr Abschläge aus. Beurteilen Sie auf einer Skala von 1 bis 10, ob Sie während des Schlages Hektik verspüren (1 = sehr viel Hektik, 10 = sehr wenig Hektik).

5. Vertrauen

Führen Sie zwanzig oder mehr Abschläge aus. Beurteilen Sie auf einer Skala von 1 bis 10, wieviel Vertrauen Sie bei jedem Schlag in sich hatten (1 = sehr wenig Vertrauen, 10 = sehr viel Vertrauen).

6. Gelassenheit

a) Führen Sie zwanzig oder mehr Abschläge aus. Beurteilen Sie auf einer Skala von 1 bis 10, wieviel Gelassenheit Sie bei jedem Schlag verspürt haben (1 = sehr wenig Gelassenheit, 10 = sehr viel Gelassenheit).

b) Versuchen Sie herauszufinden, wo Sie in Ihrem Körper Verspannungen entdecken können. Lokalisieren Sie die Verspannung so genau wie möglich. Versuchen Sie es, wann immer sich eine Gelegenheit dazu bietet – auf dem Tennisplatz, bei der Arbeit, zu Hause ... Wo verspannen Sie sich am leichtesten?

7. Disziplin

Führen Sie zwanzig oder mehr Abschläge aus. Beurteilen Sie auf einer Skala von 1 bis 10, wie diszipliniert Sie bei jedem einzelnen Schlag gewesen sind (1 = nicht diszipliniert, 10 = sehr diszipliniert).

8. Ehrlichkeit

Simulieren Sie auf der Driving Range einen echten Kurs. Beginnen Sie mit dem Driver, spielen Sie dann entsprechend mit Eisen und Pitching Wedge weiter. Geben Sie sich genaue Ziele vor und beurteilen Sie ehrlich, wieviel Schläge Sie brauchen. Wenn Sie den Ball Ihrer Ansicht nach auf das Grün gespielt haben, beginnen Sie wieder mit dem Driver.

I Prognose-Training

Führen Sie zehn Abschläge auf einen festgelegten Zielbereich aus. Jetzt stellen Sie eine Prognose, wieviel Bälle von den nächsten zehn Abschlägen im Zielbereich landen werden. Vergleichen Sie Ihre Prognose mit dem tatsächlichen Ergebnis. Versuchen Sie herauszufinden, mit welcher Prognose Sie die größte Übereinstimmung schaffen. Wiederholen Sie diese Zehnerserien so lange, wie Sie das Gefühl haben, vorwärtszukommen.

K Single-Chance

Schlagen Sie einen einzigen Abschlag – Sie haben nur diese eine Chance! Bereiten Sie sich vor, als ob es der entscheidende Abschlag in einem wichtigen Wettspiel wäre. Nach diesem einen Versuch machen Sie eine Pause – Sie können nun andere Elemente trainieren, ausruhen oder sich auf die nächste »Single-Chance« vorbereiten. Selbstverständlich können Sie diese Übung mit allen Schlägern (vom Driver bis zum Putter) und mit allen möglichen Variationen (Ball liegt ideal oder ungünstig) durchführen.
Achten Sie darauf: Es gibt nur diese einzige Chance!

L Störungen

Sie spielen Golf, und Ihre Mitspieler haben die Aufgabe, Sie in Ihrer Konzentration zu stören. Alles außer physischer Gewalt ist erlaubt! Versuchen Sie, einen Wert oberhalb von 5 auf der Konzentrationsskala zu erreichen.
Achten Sie darauf: Lassen Sie sich von nichts und niemanden aus der Ruhe bringen! Nicht auf dem Golfplatz und auch sonst nirgends!

Viel Spaß mit den INNER-COACHING-Übungen!